书为上海市哲学社会科学规划青年课题"从'赋能'到'助能'
——新业态背景下专业人才突破性创造力激发机制研究"（2020EGL007）的阶段性成果

Shared

Leadership

in

创新团队中
共享领导的形成机制研究

Innovation

Teams

宋志刚

著

上海交通大学 出版社
SHANGHAI JIAO TONG UNIVERSITY PRESS

内容提要

本书围绕权力如何激发个体行为,综合运用定性与定量研究方法,通过 3 个研究系统地展示了创新团队中共享领导的内涵和意义,探讨了不同来源的权力感如何影响创新团队垂直领导授权行为,以及团队成员的主动担责行为,最终促进团队中共享领导的形成。本书的研究成果对于组织构建创新团队中的共享领导,以提升创新绩效有重要的理论和管理意义。此书适合对组织行为学,特别是对领导力管理领域感兴趣的研究人员,以及需要提升创新团队有效性的管理人员参考阅读。

图书在版编目(CIP)数据

创新团队中共享领导的形成机制研究／ 宋志刚著
. —上海: 上海交通大学出版社,2023.9
ISBN 978 - 7 - 313 - 24719 - 3

Ⅰ.①创… Ⅱ.①宋… Ⅲ.①企业管理−团队管理−研究 Ⅳ.①F272.9

中国国家版本馆 CIP 数据核字(2023)第 140447 号

创新团队中共享领导的形成机制研究
CHUANGXIN TUANDUI ZHONG GONGXIANG LINGDAO DE XINGCHENG JIZHI YANJIU

著　　者: 宋志刚
出版发行: 上海交通大学出版社　　　　　　　地　　址: 上海市番禺路 951 号
邮政编码: 200030　　　　　　　　　　　　电　　话: 021 - 64071208
印　　制: 常熟市文化印刷有限公司　　　　　经　　销: 全国新华书店
开　　本: 710 mm×1000 mm　1/16　　　　　印　　张: 11.25
字　　数: 161 千字
版　　次: 2023 年 9 月第 1 版　　　　　　　印　　次: 2023 年 9 月第 1 次印刷
书　　号: ISBN 978 - 7 - 313 - 24719 - 3
定　　价: 69.00 元

前言

  随着技术的快速更迭和市场环境的飞速变化,创新成为企业竞争优势的重要来源,企业也越来越依赖创新团队以提高整体绩效。尽管创新团队相比个人具备更大的创新优势,但创新团队往往达不到企业所期待的绩效水平。而创新团队中的高领导力水平对于提高团队绩效水平至关重要。因此,如何构建创新团队中的领导力以协助团队实现创新目标,是学术界和实业界亟须解决的问题。由于创新具有复杂、不确定及高风险等特性,传统的自上而下的等级领导力模型已不再适用于创新团队。由组织任命的、正式的个体垂直领导不再是创新团队领导力的唯一来源,整个团队所有成员集体参与领导的共享领导是创新团队应对挑战的新型领导形式。传统的英雄式领导已经不适用于知识密集型、动态复杂的任务场景,提高创新团队的绩效,需要发挥每一位成员的潜能和影响力。

  然而,现有文献对创新团队共享领导的研究并不充分。首先,已有研究对共享领导采用了多种测量方法,但都没有考虑到创新团队的特殊情境,因此并不适用于创新团队共享领导的测量。其次,学者们对共享领导的结果已进行了较多研究,但对于共享领导前因的研究相对较少,妨碍了组织对于如何构建共享领导的理解。最后,共享领导作为对传统领导力模型和理论的挑战,涉及权力的共享和重新分配,而结合权力和共享领导的研究较少,这是进一步完善共享领导理论需要努力的方向。围绕以上问题和思路,本书主要从以下三个方向展开研究。

  首先,本书通过研究一对创新团队共享领导的量表进行了开发和验证。基于对已有文献系统而全面的梳理,本研究明晰了共享领导的概念,以及其与相似概念的异同,并结合创新团队情境,通过借鉴已有文献中的量表和深度访谈编码,初步编制了创新团队共享领导量表。然后,通过收集2个样本的数据对该量表进行了严格的信效度检验,最终确定了包括任务导向共享领导行为和关系导向共享领导行为2个维度的创新团队共享领导量表。

其次,本书整合权力和领导力文献,基于权力接近抑制理论、情境聚焦理论和权力基础理论,通过研究二、研究三对创新团队共享领导的形成机制进行了探索,检验不同来源的权力感如何影响创新团队垂直领导的授权行为并最终作用于共享领导,以及如何影响创新团队成员的主动担责行为并最终作用于共享领导。具体来说,研究二对115个创新团队的数据分析结果表明,创新团队垂直领导的专家权力感调节职位权力感与领导授权行为之间的关系,特别是当垂直领导专家权力感较低时,职位权力感对授权行为有潜在的负向作用。领导授权行为对共享领导有显著的正向作用。另外,团队权力距离倾向调节领导授权行为和共享领导之间的关系,当团队权力距离倾向越低时,领导授权行为对共享领导的正向作用越强。随着团队权力距离倾向的升高,领导授权行为对共享领导的正向作用逐渐减弱,在较高的团队权力距离倾向的影响下,领导授权行为对共享领导的作用不再显著。研究三对包含了234位成员的53个创新团队的数据分析结果表明,创新团队成员专家权力感对其主动担责行为有显著的积极作用,并通过主动担责行为对共享领导有积极的间接作用。另外,团队学习导向调节创新团队成员主动担责行为和共享领导之间的关系。当团队学习导向较高时,成员主动担责行为对共享领导的正向作用更强。随着团队学习导向的降低,成员主动担责行为对共享领导的正向作用逐渐减弱,甚至对共享领导的形成有潜在的负向影响。

本书的研究成果在理论和实践上都具有重要价值。本书的理论贡献和创新主要体现在以下3个方面。第一,本书结合创新团队情境,系统分析了创新团队共享领导的维度结构,并开发了包含任务导向共享领导行为和关系导向共享领导行为2个维度、14个条目的量表,为后续的研究提供了测量工具,同时有助于组织对于创新团队共享领导的理解和构建。

第二,本书拓展了共享领导的前因研究,检验了领导授权行为和成员主动担责行为如何促进创新团队中共享领导的产生。已有文献对团队成员如何影响共享领导鲜有涉及,而共享领导涉及团队成员之间复杂动态的互动过程,因此,团队成员的行为对共享领导的形成有最直接的影响。不仅如此,本书还分别检验了创新团队垂直领导和成员行为对共享领导作用的边界条件,进一步丰富了共享领导的前因研究。第三,本书整合了权力和领导力文献,解释了创新团队垂直领导和成员不同来源的权力感如何影响其行为并最终作用于共享领导的形成。已有研究对权力和个体行为之间的关系进行了大量探索,但仍无法得出一致结论。本书基于权力基础理论,区分了创新团队垂直领导专家权力感和职位权力感,以及团队成员的专家权力感和参照权力感对其行为的不同影响,既有助于进一步理解创新团队中的共享领导现象,也是对权力研究的拓展。

本书的研究成果对于组织构建创新团队中的共享领导以提升创新绩效也有重要的意义。首先,对于期望创新团队取得高绩效的公司来说,要充分利用共享领导,发挥创新团队成员的集体智慧。借助对创新团队共享领导具体内容的研究发现,组织可以设计有针对性的培训或团队建设活动来分别增强创新团队成员的任务导向和关系导向共享领导。其次,组织中的工作往往涉及权力的使用。本书的研究结论可帮助组织从不同权力来源的角度理解其对组织成员行为的重要影响。组织可以通过提升创新团队垂直领导和团队成员权力感进一步促进创新团队共享领导的形成。除此之外,组织还应该采取措施促进创新团队垂直领导的授权行为以及成员的主动担责行为,以及关注团队权力距离倾向和团队学习导向的作用,以保证创新团队共享领导的形成。

本书得到上海市哲学社会科学规划青年课题"从'赋能'到'助能'——新业态背景下专业人才突破性创造力激发机制研究"(2020EGL007)的支持,在此感谢上海哲学社会科学规划办公室给予的研究资助。此外,本书在写作过程中得到上海交通大学顾琴轩教授的悉心指导和帮助,在此表示衷心的感谢。最后,还要感谢上海交通大学出版社编辑徐唯女士的辛勤劳动,以及上海交通大学出版社的大力支持!

目录

第1章 > 绪 论

1.1 研究背景

1.1.1 创新团队中领导方式的转变

在市场和经济日益全球化、技术飞速发展的当今,创新已经成为组织获得可持续发展和竞争优势的关键来源,是影响企业生存和绩效的决定性因素。组织的创新活动往往由专门的团队来完成。设立和管理创新团队是组织创新成功的关键(Harris, 2003)。Kratzer, Leenders, and van Engelen(2005)就曾指出,在雇员超过 100 人的企业中,超过 80% 的企业都设立了创新团队。由于创新具有复杂、不确定及高风险等特性,因此创新团队的目标、任务性质及成员特征都与传统团队有明显的差异,创新团队所需的领导力与传统团队也有所不同(Harris, 2003)。尽管学者和企业界人士都认为创新团队相比个人具备更大的创新优势,但创新团队往往达不到企业所期待的绩效水平。因此,如何构建创新团队中的领导力,提高创新团队的效率以增强组织竞争力,成为实业界和学界关注的热门话题。

在 2018 年度中国人力资本国际管理论坛上,波士顿咨询公司(BCG)合伙人阮芳女士指出,组织应在保证创新团队大方向正确的前提下,赋予员工更多尊重、话语权以及自主权,人工智能时代的领导力是"爵士乐"式的领导力,应该让每个员工都共享领导力,成为领导者,集众人之智来完成演奏,才能为企业带来活力、灵活性和创新。韩都衣舍的"产品小组制"正体现了这种领导力理念。每个产品小组由 3 人组成,分别司职服装设计、视觉呈现和采购,在最小的业务单元里通过实现权、责、利的统一,提高了员工的积极性,并为组织带来源源不断的创新驱动力(余佳华,2018)。这种"让听见炮声的人去做决策"的管理理念,帮助韩都衣舍一跃成为互联网时代品牌生态运营的佼佼者。海尔集团也注重发挥员工的影响力和自主性。自 2009 年起,海尔集团成功地将 60 000 多名员工重新组织成 2 000 多个自主经营体,之后又发展出利共体、小微体等多种形式,而这些自主经营体承担着产品制造、销售等诸多功能。海尔集团通过贯彻"人人都是自己的 CEO"的理念,充分发挥每个员工的优势和影响力,从一家传统的制造业公司转型为互联网创业平台。此外,位于美国的 27 家公司在 TCC 咨询公司所组织的"领导力学习社团"(leadership learning community, LLC)的协助下,于 2008 年到 2010 年期间在组织内推行了共享领导力模式,结果发现 78% 的组织增强了全体组织成员成为领导者的意识和能力,并且组织效率明显提高,成本明显降低。

显然,实业界已经意识到,提高创新团队的绩效需要发挥每一位成员的潜能和影响力,而不能仅仅依靠传统的团队领导。英雄式领导或许已经不适用于知识密集型、复杂动态的任务情景。但这种管理模式的过渡和改革并不是一蹴而就的,团队成员共享领导力可能会遇到多方面的阻力,包括领导不愿意向下属分享权力,以及下属不愿意承担额外的领导力职责。这些潜在的阻力,以及目前对共享领导理解的局限性,皆有可能导致组织内领导力模式转型的失败。任正非为了规避企业命运系于一人身上,带来"成也萧何,败也萧何"的风险,曾撰写《一江春水向东流》的文章阐述了公司发展不能靠"个人英雄主义",必须依靠"集体奋斗与集体智慧"的理念,并在华为独创了集体领导式的轮值 CEO 制度。这一制度自 2004 年开始推行,但当初参与轮值的 8 位高管如今只剩下 3 位,轮值制度是否能够维系难以下定论(王海清,2016)。由此可见,企业虽然已经意识到共享领导对于创新和组织在知识时代持续发展的重要作用,但在向更加扁平化的新型领导力体系转型,以及实施共享领导的过程中,企业需要持续投入和科学的理论指导。

1.1.2　创新团队中共享领导研究的不足

长久以来,领导力都被看作是一种正式的、基于组织层级结构的以及自上而下的影响过程,且来自单独的、组织正式委任的个体垂直式领导。随着知识经济时代的到来,学者们开始对这种层级的、以领导为中心的传统领导力范式的适用性提出越来越多的质疑。随着社会和技术的不断发展,组织中知识密集型工作不断增多,尤其是在创新团队中,通常需要执行高度复杂且结果高度不确定的任务,而且几乎不能依赖固定的工作流程。因此,对于团队领导来说,要掌握带领团队实现创新目标所需的所有知识和技能,成为几乎不可能完成的挑战。实际上,在创新团队中,往往需要调动团队成员的认知和行为技能来提升团队竞争力,而不是仅仅依靠团队垂直领导的智慧(Pearce and Manz, 2005)。也就是说,在创新团队中,由组织正式任命的个体领导者不再是职能领导力的唯一来源,整个团队所有成员集体参与领导角色中。据此,学者们提出共享领导是满足创新团队所面临挑战的新型领导形式(Morgeson, DeRue, and Karam, 2010)。共享领导作为一种新型领导方式,在学者们的关注下得以迅速发展。如图 1-1 所示,笔者通过文献回顾发现,共享领导的研究有逐年增多的趋势。至今,已有多篇元分析讨论了共享领导对团队有效性的影响(D'Innocenzo, Mathieu, and Kukenberger, 2016;Wang, Waldman, and Zhang, 2014),而且发表在管理学顶级期刊上。

然而,不同于传统垂直领导理论将领导力视为层级的、个体化的以及自上而下的单向性的概念,共享领导聚焦团队成员的整体互动,涉及团队中横向、自下而上、动态以及复杂的影响过程。正是由于这种动态性和复杂性,虽然关于共享领导的研究近年来迅速增多,但究竟如何定义和测量共享领导,学者们仍没有达成一致意见(Zhu et al., 2018)。不仅如此,与共享领导相似的概念,如集体领导(Contractor et al., 2012)、分布式领导

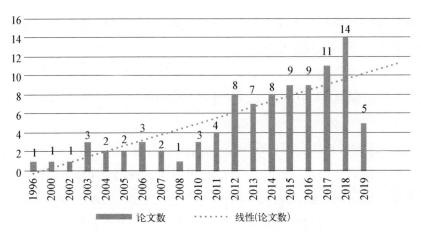

图 1-1　1996—2019 年国内外关于共享领导的研究趋势

(Bolden，2011)也大量出现在文献中,与共享领导的概念相混淆。更重要的是,已有研究对创新团队中的共享领导鲜有涉及。现有共享领导研究的对象往往是管理团队、一般专业或混合性知识团队、非工作场所的本科生或研究生等(Carson, Tesluk, and Marrone, 2007; Liu et al., 2014),而针对创新团队情境进行的研究较少。再者,现有研究针对共享领导的积极作用已经得出了非常一致的结论,特别是在自主性较高的创新团队中,共享领导能够发挥更大的效用(Magpili and Pazos, 2018; Zhu et al., 2018)。但到目前为止,我们对于共享领导的形成的埋解还非常有限(D'Innocenzo et al., 2016; Zhu et al., 2018)。在图 1-1 所涵盖的 94 篇文献中,只有不到 1/3 的文献涉及影响共享领导形成的因素。已有研究表明,共享领导的形成离不开垂直领导的支持和权力的分享(Carson et al., 2007; Hoch, 2013)。但是,对于团队垂直领导和其他成员来说,传统领导力的观念或许已经根深蒂固,共享领导理论可能是违反直觉的。在传统的等级组织中构建共享领导,需要将权力在组织中进行重新分配,往往一方面会遇到因原有领导试图保留权力而产生的阻力(Haselhuhn, Wong, and Ormiston, 2017),另一方面团队成员对于授权的抵触也不可忽视(Maynard et al., 2007)。在共享领导的文献中,对权力的涉及非常少,这使得试图构建共享领导的团队和组织缺乏充分的理论指导(Sveiby, 2011)。尤其是在权力距离较远的文化情境中,权力究竟会促进还是阻碍共享领导的产生,需要得到更多的关注(Denis,Langley,and Sergi,2012)。另外,目前国内学者对创新团队的研究仍集中于高校和科研机构(赵丽梅、张庆普,2013)。针对企业中广泛存在的创新团队却鲜有涉及,对创新团队共享领导的讨论就更少,远远滞后于我国企业对创新团队管理应用的需求,无法为其提供相应的理论指导。

1.2　研究问题

通过分析实业界对共享领导的关注和需求,以及已有的共享领导研究,可以看出,共享领导的积极作用已经得到一致认可:它是提高创新团队绩效,为组织提供创新动力的重要因素之一。学界和实业界都意识到需要在创新团队中发挥员工的潜力和影响力,构建共享领导。然而,无论是对创新团队共享领导具体内涵和结构认知的不足,还是关于共享领导形成机制研究的缺乏,都限制了共享领导在创新团队中的应用。基于此,本研究提出以下研究问题。

1.2.1　如何结合创新团队情境测量共享领导

尽管共享领导已经得到学者的大量关注,但它的定义直到 2003 年才被皮尔斯(Pearce)等人正式提出。由于共享领导研究在短期内迅速发展,很多学者在文献不充足的情况下对共享领导的内涵提出了自己的见解,使得已有对共享领导内涵的解释存在很多分歧,并且出现了基于多个角度的不同测量方法。因此,从目前的文献来看,共享领导的概念仍在完善阶段,而且对于共享领导的测量不存在普遍认可的最佳方法(Hoch and Kozlowski,2014)。不仅如此,根据研究问题和情境的不同,共享领导的具体内涵也应进行相应的调整(Mihalache et al.,2014)。创新团队的任务性质和团队目标均与传统团队有较大差异,所以创新团队共享领导很可能具有其独特的内涵和特征。究竟应该采用哪种测量方法和测量工具来对创新团队共享领导进行测量,是本研究首先需要解决的问题,也是理解创新团队共享领导,以及针对创新团队共享领导的影响因素进行实证检验的基础。

1.2.2 如何识别创新团队垂直领导和其他成员行为对共享领导的影响

共享领导的形成需要团队垂直领导和其他成员的共同参与。已有研究对垂直领导的行为如何促进共享领导的形成进行了初步探索(Carson et al., 2007; Hoch, 2013;顾琴轩、张冰钦,2017),但关于团队其他成员如何促进共享领导的形成的研究还非常有限。另外,关于共享领导前因的研究,往往仅限于检验影响因素对共享领导的直接效应,很少涉及其中的作用机制。对于垂直领导来说,对创新团队不适当的干涉会影响团队成员的自主性和对团队所有权的感受(Magpili and Pazos, 2018)。虽然已有研究发现垂直领导的支持对共享领导的形成有正向作用,但垂直领导的支持对共享领导是否产生影响可能还存在边界条件(Chiu, Owens, and Tesluk, 2016)。共享领导是一种独特的团队现象。当垂直领导愿意将领导力威权传递给团队其他成员,同时团队成员又愿意接受这样的机会来发挥领导力时,共享领导才会涌现(Chiu et al., 2016; Hoch, 2013)。而对于团队成员来说,即使团队成员愿意主动发挥领导影响力,共享领导的形成还取决于团队成员在发挥自己领导影响力的同时,其他团队成员也愿意接受这一影响力,这样团队成员之间才会产生互动和互相领导(DeRue and Ashford, 2010)。因此,为了更加全面地理解创新团队共享领导的前因,本书从创新团队垂直领导和成员两个方面提出研究问题,探索垂直领导的哪些行为可以促进共享领导的形成,以及团队其他成员的哪些行为有利于共享领导的产生,同时这些行为的作用是否受到团队成员认知或者价值观等因素的影响。

1.2.3 创新团队垂直领导和成员的权力对其行为有何影响

前文已经提到,关于权力和共享领导之间关系的研究非常少(Sveiby, 2011; Zhu et al., 2018)。由于共享领导的形成必然涉及权力的共享和转移,因此组织构建共享领导需要对权力的影响有更深入的了解(Pearce and Manz,2005)。首先,组织成员应该意识到,期待领导分享权力很多时候是不现实的,而领导的权力与其授权行为息息相关(Haselhuhn et al.,2017;Stewart et al.,2017)。其次,若团队成员只有名义上的自主权,实际上对团队工作没有控制权,这种权力的缺乏反而容易导致团队成员的沮丧和挫败感(Scribner et al.,2007)。反观现有关于权力的研究,权力对于个体行为的影响并不明确。权力可能使个体更加乐观,更加关注任务相关的信息和目标,从而更加有效地发挥领导力;同时,权力大的个体可能比较自我,拒绝接受建议(Sturm and Antonakis,2015)。因此,笔者认为,为了深入了解共享领导的形成机制,必须对权力在其中所起到的作用进行更加系统地探索。而当前研究问题的提出,就是试图解答创新团队垂直领导和成员的权力如何影响他们的行为,并最终作用于共享领导的形成。

针对以上研究问题,本研究将围绕创新团队共享领导的测量和形成机制展开。首先,本研究将结合创新团队情境开发创新团队共享领导量表;其次,本研究将分别检验创新团队垂直领导和成员权力感如何通过影响各自的行为,进一步作用于共享领导的形成。本书的总体研究框架如图 1-2 所示。

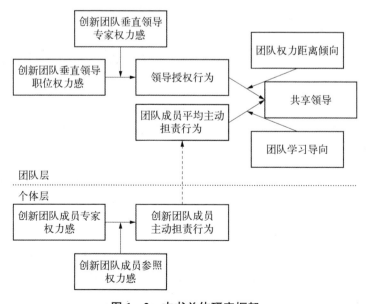

图 1-2 本书总体研究框架

1.3　研究意义

本研究聚焦于创新团队,针对创新活动的复杂性、动态性和风险性,研究创新团队共享领导的测量及形成机制。本书的研究结论将推进组织行为学对创新团队管理和共享领导的研究,推动知识经济下新型领导力的研究和发展,同时对我国企业创新团队共享领导建设和创新能力提升具有重要的理论指导意义。

1.3.1　对领导力和权力研究的贡献

1) 丰富关于创新团队共享领导的研究

不同于传统团队,创新团队的任务往往具有高度复杂性、动态性和风险性,团队成员也通常是知识型员工,因此创新团队对于领导力的需求很可能也与传统团队有所区别,需要学者们有针对性地进行研究。特别是在中国情境下,对于创新团队的研究还处于探索阶段,而实业界对于创新团队的理论有较为急迫的需求。本研究通过分析和讨论创新团队共享领导的测量及形成机制,对于创新团队管理,尤其是创新团队中的领导力研究有重要作用。

2) 推进已有研究中对共享领导内涵和形成机制的认识

现有文献中对共享领导概念和内涵的理解处于"百家争鸣"的状态。通过对现有文献全面和系统的回顾,本研究试图对现有研究中共享领导的定义和测量进行全面的梳理,并在此基础上结合创新团队情境,对创新团队共享领导量表进行开发和检验,为后续的实证研究提供测量工具。不仅如此,针对目前共享领导前因研究较少的现状,本研究将从创新团队垂直领导和成员两个方面讨论共享领导形成的影响因素,探索垂直领导和团队其他成员各自的行为如何促进共享领导的形成,并且还将进一步检验垂直领导和团队其他成员行为对共享领导作用的边界条件,以获得对共享领导形成机制更加全面的认知。因此,本研究不仅为丰富已有的共享领导研究做出了一定贡献,而且对组织引导创新团队垂直领导和团队其他成员构建共享领导有重要的指导意义。

3) 拓展当前权力和领导力的整合研究

权力在组织中几乎无处不在,领导和下属的互动必然涉及权力的作用。目前的领导力研究中,尤其是共享领导研究中,对权力的忽视妨碍了对于共享领导的形成及其结果的理解,因为共享领导不仅涉及自上而下的权力共享,还涉及团队成员之间的权力差异对团队互动产生的影响。本研究试图基于权力接近抑制理论、情境聚焦理论和权力基础理论,对创新团队垂直领导和成员不同来源的权力进行识别和分析,并进一步讨论垂直领导和团队其他成员对不同来源的权力的感知如何直接影响其行为,以及对共享领导产生的间接作用。因此,本研究关于整合权力和领导力的研究,对于理解创新团队的权力基础,以及权力如何驱动垂直领导和团队其他成员的行为有重要的作用,不仅是对当前文献研究方向的重要拓展,而且为后续深入探讨创新团队中的权力结构和领导力模型奠定基础。

1.3.2 对组织构建创新团队共享领导的启示

本研究最重要的现实意义,也是本书主要的研究目的之一,就是为企业建设和开发创新团队中的共享领导提供理论和方法指导,以提升创新团队的有效性,进而促使组织获得竞争优势并可持续发展。

首先,对创新团队共享领导内涵和维度结构的分析,有助于组织成员正确理解创新团队中的共享领导现象。企业已经认识到发挥创新团队成员影响力的重要性,而且创新团队成员也在工作中对自主性有较高的要求。但对于创新团队成员到底从哪些方面共享领导力职责来彼此领导实现团队创新目标,企业还没有足够清晰的认知。创新团队共享领导量表的开发,不仅能够为组织提供测量工具,以检验创新团队共享领导水平的高低,而且可以为组织培养创新团队共享领导提供方向。另外,共享领导不仅是创新团队完成创新目标的重要因素，还是发挥创新团队成员潜力，增强其团队认同的有效手段。构建创新团队共享领导，还有利于组织对创造性人才的吸引和留任。

其次，本研究对创新团队共享领导形成机制的探索，可以进一步指导组织通过调整创新团队垂直领导和成员的行为来促进共享领导的形成。创新团队垂直领导和成员的行为对共享领导的形成有最直接的影响。识别垂直领导和成员的哪些行为能够促进共享领导的形成，有利于组织有针对性地对垂直领导和团队成员进行培养。具体来讲，本研究认为创新团队垂直领导的授权行为和成员的主动担责行为，对共享领导的形成有重要的积极作用。因此，组织需要重点关注和鼓励创新团队垂直领导的授权行为和成员的主动担责行为。这为企业的领导选拔以及人力资源管理都提供了重要的决策依据。

最后，本研究对组织理解创新团队垂直领导和成员权力感的作用有重要启示。权力在组织中扮演重要的角色。本书的研究结论有利于企业深入理解创新团队垂直领导和成员对自己的权力如何认知，以及这些认知如何影响他们的行为。组织在成立创新团队时，要充分考虑垂直领导和团队其他成员权力感的重要作用，包括对个人权力感以及职位权力感的综合考虑。比如，组织可以通过选拔条件的设置、个性化的培训以及工作和岗位设计等手段，有目的性和针对性地控制垂直领导和团队其他成员不同来源的权力感，发挥其对垂直领导和团队其他成员行为的重要驱动作用。

1.4　本书结构安排

本书分为 7 章，各章主要内容如下：

第 1 章：绪论。本章的主要内容是介绍研究背景，包括现实背景和理论背景，据此提出研究问题和研究框架，并阐述本研究的研究意义。除此之外，本章还对本书的研究路线和结构安排进行了解释说明。

第 2 章：共享领导和创新团队的相关研究。本章主要是对已有研究进行全面系统的梳理，明晰共享领导的概念和内涵，对共享领导的测量、影响因素以及作用结果进行归纳。另外，本章还对创新团队的定义和特征，以及创新团队领导力的相关研究进行了回顾。最后，基于对文献的回顾，本章分析了创新团队共享领导已有研究的不足之处以及本研究努力的方向。

第 3 章：理论框架和研究假设。基于权力接近抑制理论、情境聚焦理论和权力基础理论，本章主要讨论创新团队垂直领导权力感如何影响领导授权行为并最终作用于共享领导，以及创新团队成员权力感如何影响成员主动担责行为并最终作用于共享领导。不仅如此，本章还分析了团队权力距离倾向和团队学习导向的调节作用。

第 4 章：创新团队共享领导量表的开发与验证。结合创新团队情境，本章对创新团队共享领导量表进行开发和验证。本章通过借鉴已有文献相关测量条目和深度访谈编码两个途径，归纳出任务导向和关系导向共享领导行为两个维度，并通过内容效度检验、预测试等步骤形成具有良好信效度的创新团队共享领导量表。

第 5 章：创新团队垂直领导权力感对共享领导的作用机制检验。本章就创新团队垂直领导权力感对共享领导的作用机制的研究假设进行实证检验，验证创新团队垂直领导权力感对其授权行为的直接作用，对共享领导的间接作用，以及对团队权力距离倾向的调节作用。

第 6 章：创新团队成员权力感对共享领导的作用机制检验。本章就创新团队成员权力感对共享领导的作用机制的研究假设进行实证检验，验证创新团队成员权力感对其主动担责行为的直接作用，对共享领导的间接作用，以及对团队学习导向的调节作用。

第 7 章：研究结论和展望。基于前面章节的研究结果，本章进行全面的总结和讨论，并进一步阐释本研究的理论贡献和实践意义。同时，分析和讨论本研究的局限，以及未来研究的方向。

第 2 章 > 共享领导和创新团队的相关研究

2.1 共享领导的概念及其发展

随着知识经济时代的到来,学者们对基于组织层级结构、来源于个体且以领导为中心的传统领导力范式的适用性提出了质疑,并且构建了新型共享领导模型(Mathieu et al.,2008;Pearce and Conger,2003;Zhu et al.,2018)。虽然共享领导是一种全新的领导力范式,但在以往的一系列研究中,很多理论都表明了共享领导的合理性和必要性。比如,20 世纪二三十年代涌现的人际关系行为学派,就已经强调人际交互的重要性,认为领导应主动去了解员工的心理需求并做出回应,而不仅仅是指挥和控制(Maslow,1943)。换言之,员工对上级领导的行为也会产生影响。因此,组织里的影响过程不一定是单向的。另外,Benne and Sheats(1948)将团队中的角色分为 19 种,包括任务角色和社会情绪角色两大类。他们的研究表明,除了团队领导之外,团队其他成员也可能通过不同的职能行为发挥多种类型的影响力。除此之外,如表 2-1 所示,社会交换理论、领导力替代、参与式管理、涌现式领导、协同领导、授权型领导、自我管理团队和团队共享认知等理论,都从不同角度对共享领导概念的形成提供了支撑。更重要的是,学者们对于领导力的定义和认知逐渐发生了变化。在以往的研究中,虽然领导力也被认为是一种影响过程,但区别在于,有

表 2 - 1 共享领导理论基础

理论/研究	理 论 启 示	代表性研究
情境法则	应该基于工作情境而非组织中的个体来讨论领导力	Follett(1924)
人际关系和社会系统视角	员工的社会和心理需求应该得到重视	Maslow(1943)
团队角色分化	团队成员和领导一样都需要履行团队的特定职能,也有可能成为影响力的来源	Benne and Sheats(1948)
社会交换理论	社会交换本质上包含了影响力过程,也就是说,交换双方都可能发挥影响力,包括团队成员	Blau(1964)
领导力替代	情景因素(比如高度程序化的工作)可能发挥领导力的作用,正式领导并非领导力的唯一来源	Kerr and Jermier(1978)
涌现型领导	领导从无领导小组中涌现的现象,表明领导并非一定来自组织任命	Bartol and Martin(1986)
协同领导	两个领导共享同一个职位,同时领导团队或组织,领导力可以被共享	Greene, Morrison, and Tischler(1981)
参与型和授权型领导	员工参与团队决策,可以对团队产生影响	Conger and Kanungo (1988)
自我管理团队	团队成员可以承担正式领导的角色和职责,实现自我领导	Manz and Sims(1987)
共享认知	团队成员对于团队内、外部重要因素可能存在共同的心智模型	Ensley and Pearce(2001)

资料来源:笔者根据文献整理。

些学者坚持认为领导力与团队中专门设立的领导角色有关,领导本人承担领导力职责,而且要比团队成员具有更大的影响力;而另一些学者则宣称领导力和出现在所有团队成员中的社会影响过程是没有差别的,领导力是一种状态,与正式角色和职位无关,团队中的成员都有可能参与领导过程(Yukl,1989)。而现在,越来越多的学者开始将领导力定义为一种更广义的、互相影响的过程,并且独立于任何正式的角色或者层级结构,可能存在于组织里的每一个成员。基于上述理论和观点,Pearce and Conger(2003)首先正式提出共享领导的定义,认为共享领导是"工作群体中个体之间一种动态的互动影响过程,其目标是彼此领导以实现工作群体目标",并成为后续研究最为认同的定义之一。

其他学者还从不同角度对共享领导进行了定义。比如,Ensley,Hmieleski, and Pearce(2006)认为共享领导是团队作为整体来实施领导力,而不是仅仅依靠单个委任的领导来管理团队的过程。Carson et al.(2007)将共享领导定义为由于领导影响力分布于多个团队成员而涌现出的一种团队特质。Hoch and Kozlowski(2014)指出共享领导是一种以协同制定决策和共享职责为特征的相互影响的过程,其中团队成员彼此领导以实现团队目标。Chiu et al.(2016)认为共享领导是由团队成员之间的互相信赖和共享影响力而产生的一种团队现象,目的是实现团队目标。而 Hoch and Dulebohn(2017)将多个团队成员主动承担或参与领导力职责的集体领导力过程看作是共享领导。

通过对已有文献中关于共享领导定义的回顾和总结(见表 2-2)可以看出,不同学者对共享领导的定义有相似之处,也各有侧重点,而这些差异不仅仅是源于学者对研究的精益求精和不断修正,更多地反映出他们对共享领导这一现象及其内涵的不同认知,这对共享领导的测量和深入研究将产生重要影响。具体来说,现有研究中对共享领导的内涵特征有以下三个共识:① 共享领导是来源于团队成员的非正式领导力。不同于组织正式任命的垂直领导,组织并不直接赋予团队成员正式的领导职责和威权,共享领导涌现于团队成员之间的互动,并相互影响的过程,是团队成员之间横向的非正式领导力。值得注意的是,共享领导并不是垂直领导的替代,而是和垂直领导一起致力于提升团队有效性。比如 Pearce and Sims(2002)和 Ensley et al.(2006)都在研究中同时检验了垂直领导和共享领导对团队的重要作用。② 共享领导是一种团队现象。共享领导不强调单独的个体成员,而是团队集体对领导力的共享。这也是共享领导与涌现型领导或者自我领导最本质的区别。无论是将共享领导看作团队过程(McIntyre and Foti, 2013),还是团队特质(Carson et al., 2007),已有研究普遍强调共享领导需要在团队层面进行分析。③ 共享领导是为了实现团队目标。共享领导是团队成员为了满足团队需求而承担领导职能的过程,是以团队目标为导向,而不是团队成员试图通过影响其他人来满足自己的利益(Zhu et al.,2018)。

表 2 - 2　现有代表性文献中共享领导的定义

作　者	时间	共享领导的定义
Pearce and Conger	2003	工作群体中个体之间的一种动态互动影响的过程,其目标是彼此领导以实现工作群体目标
Pearce,Yoo,and Alavi	2004	共享领导是团队内持续的、互相影响的过程,其中正式或非正式的领导相继涌现
Wood	2005	共享领导是指团队中互相影响的状态或特质,其中领导职能分散在所有团队成员中,他们参与决策制定的过程,完成以往传统领导的任务,以及在适当时向其他成员提供指导以实现团队目标
Ensley et al.	2006	团队作为整体来实施领导力,而不是仅仅依靠单个组织委任的个体来领导团队的过程
Carson et al.	2007	由于领导影响力分布于多个团队成员而涌现出的一种团队特质
Small and Rentsch	2011	是一种涌现性的相互影响的过程,其中团队成员共同分担、履行团队中的领导职能
Bergman et al.	2012	当两个或两个以上的成员参与团队领导力,致力于影响和指导团队成员最大化团队效益时,共享领导即出现
Hoch and Kozlowski	2014	是一种以协同制定决策和共享职责为特征的相互影响的过程,其中团队成员彼此领导以实现团队目标
Chiu et al.	2016	是由团队成员之间的互相信赖和共享影响力而产生的一种团队现象,目的是实现团队目标
Lord et al.	2017	不同的个体如何在不同的时间段扮演领导或追随者的角色

资料来源:笔者根据文献整理。

另外,相关研究者对共享领导的理解也出现了一些分歧。

首先,是关于影响力在团队内如何分布。虽然学者们一致认同共享领导是分布在团队成员身上的非正式领导力,但对这种影响力分布在每个团队成员身上的均等性,也就是团队成员参与领导力的程度各执己见(D'Innocenzo et al.,2016)。比如,Pearce 等人在研究中并不强调团队中成员的区别和每个成员独特的贡献,是否承担不同的职能,以及领导力职责是否在不同的成员之间转移(Hoch, Pearce, and Welzel, 2010; Pearce and Sims, 2002)。Drescher and Garbers(2016)也认为共享领导研究应该将团队作为一个整体来看待,所有团队成员都参与影响力互动中,共同实现团队目标。而另一种观点则表示,共享领导是团队中多个成员发挥影响力而涌现的团队现象。相对于团队的整体性,更加突出每个成员独特的作用,并认为这是定义及测量共享领导的基础(Carson et al., 2007; Mathieu et al., 2015)。在这种情况下,领导力未必分布在每个团队成员身上,有些成员甚至可能完全不发挥任何领导影响力。比如,Bergman et al.(2012)认为,当两个或两个以上的成员共享团队领导力时,即满足共享领导出现的必要条件。

其次,关于共享领导是否体现在对多种领导力职能的承担这一问题,现有研究也存在不同的意见。虽然在垂直领导力以及团队领导力文献中,领导力通常不是一个单维构念,而是包含多种职能和责任的多维构念(Contractor et al., 2012; Morgeson et al., 2010; Yukl, 1989),但由于共享领导对团队成员之间影响力的强调,Carson et al.(2007)及后续诸多研究者(Small and Rentsch, 2011)都将共享领导看作是团队成员所发挥的影响力的总和,而不探究具体的共享领导内容以及团队成员究竟承担了哪些领导力职责。而另外一些学者,则在阐述共享领导影响力的同时,表达了团队成员共享领导力职责的可能性。比如 Ensley et al.(2006),Hoch and Kozlowski(2014),以及 Chiu et al.(2016)等都强调了多维度的,包含多个领导力职能的共享领导对团队的作用。

最后,与前两点密切相关的,就是共享领导的动态性。共享领导并非静止的,而是一个动态过程。时间是共享领导的关键要素(Contractor et al., 2012; Pearce and Conger, 2003)。与正式的垂直领导不同,共享领导与组织中的正式职位无关,因此也没有政策对成员的共享领导行为做出规定,不同成员可能在同一时间共同承担同样的领导职责,也可能随着团队周期的变化而变化。比如,Lord et al.(2017)认为共享领导过程中,不同的个体在不同的时间段扮演领导或追随者的角色。而 Burke, Fiore, and Salas(2003)则表示共享领导的动态性体现在共享领导的形成需要时间的积累。

为了对共享领导的内涵进行更系统的分析,有必要将其与相似的概念进行比较,以明确共享领导概念的边界和适用条件。正如前文所提到的,共享领导的出现是出于学者们对有别于传统垂直领导力模型的新型领导力理论的探索。而在这个过程中,还涌现出诸多类似的概念和观点,比如分布式领导(distributed leadership)、集体领导(collective leadership)、轮值式领导(rotated leadership)和网络式领导(network leadership)等。由于这些理论的快速发展,这些概念在定义以及研究方法上常常重叠交叉,互换使用,给相关领域的进一步研究带来困难(Friedrich, Griffith, and Mumford,2016)。其中,分布式领导和集体领导是除共享领导外最常见,也是最容易与共享领导混用的两个概念。比如,Yammarino et al.(2012),Hsu, Li, and Sun(2017)等都把共享领导等同于分布式领导。而 Wang et al.(2014)对共享领导和团队有效性之间关系进行元分析时,包括了共享领导、分布式领导和集体领导的相关研究。为此,本研究将通过梳理和比较共享领导、分布式领导和集体领导的概念和发展脉络,对共享领导做出更加清晰的界定。

1) 分布式领导

在组织行为学领域,分布式领导概念首次出现在 Gronn(2002)发表于《领导力季刊》(*The Leadership Quarterly*)的研究成果中。在此之前,分布式领导的概念大多在教育和学校管理的文献中被提及,并在教育领导力领域迅速发展(Bolden,2011;Lumby,2013)。与共享领导类似,分布式领导理论也受到以往研究启发,比如情境法则(Follett,1924)、团队角色分化(Benne and Sheats,1948)等。由此看来,分布式领导和共享领导似乎是两个领域的学者所提出的相同概念,但实际上两者存在重要的区别。不同于共享领导是基于团队成员的共享认知,分布式认知和激活理论被认为是分布式领导的关键理论基础(Bolden,2011)。分布式认知解释了人类的认知和经历如何与其所处的生理、社会及文化环境紧密融合在一起;而激活理论强调人类活动既由个体、物质、文化和社会因素所激活,也被这些因素所限制。分布式领导的研究并不强调团队这一工作情境,认为分布式领导来源于员工角色彼此独立但又需要相互协作的这种劳动力分工二元性,是组织成员之间以及组织成员和组织情境之间互动的结果(Bolden,2011)。分布式领导侧重于领导力分布于组织中多个或所有个体,或者组织成员是某个阶段的领导者(Gronn,2002),强调领导和下属的角色可更替或变换,在某个具体情境或时点,领导者可为多人(Spillane,2006)。而共享领导则强调团队成员互动、合作、分享,互相领导以实现团队目标(Hoch and Dulebohn,2013;Pearce and Conger,2003)。

2)集体领导

虽然已有文献中早有对集体领导的涉及,比如 Denis,Lamothe,and Langley(2001)研究了战略性集体领导团队的成员承担不同的却又紧密联系且互补的战略职能对组织可持续变革的重要作用,但直到 Friedrich et al.(2009)才比较系统地提出理解集体领导的理论框架。集体领导意味着群体中多个个体以正式或非正式的形式成为领导,而具体的领导力职责的转移,则与群体成员所拥有的信息和专长相关。集体领导假设团队成员有选择地承担与他们的知识和技能匹配的领导力角色,并且根据情境和所面临问题的要求有效分配领导力(Friedrich et al.,2009,2016)。集体领导方法可以被看作是一种柔性的、跨层次的神经认知系统的模拟,神经系统中的神经元会基于情境需求而被激活(Yammarino et al.,2012)。正如 Zhu et al.(2018)所说,这种基于个体与情境匹配来共享领导力职责的方法是集体领导与共享领导的主要区别。关于集体领导,现有研究还存在另一种观点,认为集体领导是一个含义更广泛的一般性概念,是突破以领导为中心的传统观点的一系列领导力理论的集合,包括共享领导和分布式领导(Drescher and Garbers,2016)。然而,Yammarino et al.(2012)和 Friedrich et al.(2016)也指出共享领导和集体领导是两种独立的概念。而集体领导更适合用来表示这种团队或组织内多个个体承担正式或非正式领导力的理论集合。

总之,共享领导、分布式领导以及集体领导都描述了团队成员承担领导力的团队现象,甚至有相似的理论基础,但又有不同之处和各自的侧重点。Ulhøi and Müller(2014)试图通过引用"共享(share)"在词典中的词义本源强调共享领导应有的含义。根据剑桥辞典(http://dictionary.

cambridge.org/），"共享"表示两人（或更多）全都以同样的方式参与。共享领导则意味着团队中的每个人都有平等的机会来承担领导力，总体的领导力是由所有成员共享和支持的。而 Pearce 等人在提出共享领导概念时也强调，共享领导是团队所有成员均参与团队的领导中。当团队成员为了释放团队的整体潜能而毫无顾虑地发挥影响力，带领其他团队成员实现团队目标时，便形成了共享领导（Pearce，2004）。前文在分析已有研究中关于共享领导概念的分歧时，最显著的一点就是对领导力如何在团队中分布的看法有不同。而本研究认为，领导力职责根据情境要求而分布到不同成员身上，每个成员发挥独特作用这一原则更加符合分布式领导和集体领导的作用机制。实际上，Mendez（2009）就曾提出，现有团队领导力模型的不同主要体现在两个方面：领导力共享性和领导力分布性。因此，本研究认为共享领导是基于团队共享认知，而侧重于领导力的共享性。综上所述，与以往把团队作为一个整体看待的研究一致，本研究认为共享领导是一种团队整体现象，是指团队成员之间动态的、持续的互动影响的过程，在此过程中团队所有成员共享领导职能和责任，彼此领导以实现团队目标（Pearce and Conger，2003；Hoch and Kozlowski，2014；Nicolaides et al.，2014）。

2.2　共享领导的测量

如前文所述，由于对共享领导概念的认知存在差异，为了与共享领导的内涵相匹配，不同的学者在实际研究中从多个角度对共享领导进行了测量。现有研究中对共享领导的测量主要采用了团队成员聚合方法、社会网络方法以及实验观察等方法。值得一提的是，虽然已有研究，包括综述研究或者元分析（D'Innocenzo et al.，2016；Wang et al.，2014；Zhu et al.，2018），都对共享领导、分布式领导或集体领导有不同程度的混淆，但由于本书已经明确了共享领导的概念，因此在文献回顾时，只聚焦于共享领导，而没有收录分布式领导或者集体领导的相关研究。

1) 团队成员聚合方法

现有的研究中,很多学者都通过转换参照对象的方法,直接基于成熟的传统垂直领导力量表测量共享领导。被调查对象不再只针对单独的垂直领导,而是针对整个团队做出评价,然后聚合为团队层面的共享领导。为了测评团队整体所表现出的领导力行为,现有研究从领导风格视角和领导力职能视角分别对共享领导的测量进行了探索。作为最早发表的关于共享领导的实证研究,Pearce and Sims(2002)和 Avolio et al.(2003)为后续研究提供了参考。Pearce and Sims(2002)比较了 5 种不同风格的垂直领导和共享领导对团队绩效的作用,包括厌恶型领导、指导型领导、交易型领导、变革型领导以及授权型领导。因此,团队成员需要分别对垂直领导(如团队领导为我的良好表现提供积极的反馈)和团队(如团队成员为我的良好表现提供积极的反馈)做出评价。类似地,Ensley et al.(2006)改编了此量表,测量了团队成员所表现出的指导型、交易型、变革型和授权型领导,并聚合为团队的共享领导。除此之外,还有研究聚焦于某种特定的领导风格,对团队共享领导的作用进行了检验。比如,Hmieleski,Cole, and Baron(2012)同样采用参照对象转移的方法,探索了新创企业高管团队共享真诚型领导对企业绩效的积极作用。

以 Avolio et al.(2003)为代表的研究则更加关注领导力职能。Avolio等人从已有的领导力职能和行为研究,提出简化的 23 个题项形成团队共享领导行为量表,包括激励与感召、智力激发、个体关怀、期望管理以及消极领导力行为 5 个维度。Wood(2005)则从任务协同、技能开发、人际交互和情感支持 4 个维度测量了团队整体所共享的领导力行为。Muethel,Gehrlein, and Hoegl(2012)开发了团队导向和自我导向 2 个维度的共享领导行为量表,并被后续研究所引用(顾琴轩、张冰钦,2017;顾琴轩、周珍珍、戴芳,2018)。除此之外,Grille, Schulte, and Kauffeld(2015)等人的研究则基于 Yukl, Gordon, and Taber(2002)对于领导力行为的理论,从任务导向、关系导向以及变革导向维度,分析了团队中所共享的领导力行为。Hoch and Kozlowski(2014)从认知、情感和行为 3 个维度测量了共享领导。其中,认知过程基于团队学习的量表,评估团队成员主动获取反馈的程度;情感过程基于感知的团队支持,评估团队成员之间相互支持的程度;行为过程则基于成员交换,评估团队成员之间的交换行为。无论是从领导力风格视角,还是从领导力职能视角,这种聚合的方法都是以团队为测量对象,将共享领导看作是团队的一种特质,体现出全局性,强调"森林"而非某棵"树"的作用,假设所有团队成员都对团队中的共享领导有共同的感知,且这种方法体现出团队成员所共享和经历的具体领导力行为。

2) 社会网络方法

在共享领导的研究中,另一种被广泛应用的是基于社会网络的测量方法,最早由 Carson et al.(2007)在其研究中提出。Carson et al.(2007)强调共享领导影响力在团队成员中的分布,认为存在于团队成员两两之间的"领导—下属"二元关系组成了共享领导力网络。因此在这类研究中,调查对象需要评价所在团队其他成员所表现出的领导力(测量条目:你的团队在多大程度上依赖于此位成员的领导力?)。这一方法依赖于团队成员对于领导力的理解,强调成员之间的二元关系和互相影响的程度,而不是具体的领导力职能和行为。社会网络方法中通常有两个重要的指标:网络密度和网络中心化程度。

网络密度反映出每个成员对领导力过程的参与程度。当网络密度值大时,表示团队中所有成员都对其他成员发挥高水平的影响力,团队存在高水平的共享领导。与之相反,当团队中只有一位成员被认为是领导影响力的来源时,即使这位成员的影响力很大,网络密度值也不会很高,表示团队中存在较低水平的共享领导。虽然网络密度能够在一定程度上反映出网络成员中到底存在多大程度的影响力,而且也在共享领导研究中被广泛使用(Carson et al., 2007; Ishikawa, 2012; Liu et al., 2014),但在网络密度值相同的两个团队中,领导力在网络中的分布情况可能存在差异,比如一个团队中存在较少的成员发挥较高程度的共享领导力,另一个团队可能有较多的成员参与,但是各自的影响力水平并不高,两个团队成员的影响力权重加总后可能得出相似的结果。

网络中心化程度表示领导力集中在一个或几个团队成员身上的程度。中心化程度越高,表示网络中不同成员的影响力水平差异越大。网络中心化程度为 1 时，团队内的领导影响力 100％都集中在一个人身上。网络密度值偏离 1 的程度，则代表了领导力分布的程度，也就是多个团队成员都在承担领导力。因此，低中心化的网络表明各个成员对团队都有相似水平的影响力，也就是说领导力被共享。虽然中心化程度看似能够很好地反映出团队中的共享领导水平，但实际上存在很大的局限性。当中心化水平较低时，既可以表示领导力被完全共享，也可以表示团队里没有成员承担领导力（DeRue，Nahragang，and Ashford，2015）。为此，除了 Small and Rentsch（2011）之外，使用网络中心化程度来测量共享领导的研究并不多见。另外，在分布式领导的研究中，网络中心化程度这一指标的使用更加广泛（Mehra et al.，2006）。实际上，Small and Rentsch（2011）在自己的文章中，也混用了共享领导和分布式领导。

由于网络密度和网络中心化程度有各自的局限性，Zhu et al.（2018）建议将两者结合使用，能够更好地反映出团队中的共享领导分布情况。Wu and Cormican（2016）和 Fransen et al.（2018）都在研究中共同使用了 2 个指标。另外，为了更加全面地描述成员之间的关系结构，减少团队成员对领导力理解的偏差，学者在使用社会网络方法的同时也结合了具体的领导力行为。比如，Chiu et al.（2016）基于 Carson et al.（2007）的社会网络方法和 Hiller，Day，and Vance（2006）关于团队领导的研究，采用 5 个题项，分别从协助计划、问题解决、个体支持和关怀、开发和指导以及总体领导力 5 个方面来让团队成员评价其他成员的领导影响力。

3）其他方法

除了基于成熟垂直领导力量表的参照对象转移方法，以及强调领导力分布的社会网络方法，还有学者使用其他方法对共享领导进行了测量。比如，Drescher et al.（2014）对参加一项仿真游戏的 86 个团队进行了为期 4 个月的追踪调查，通过分析工作日志，对团队成员所承担的领导力职责进行编码，每个团队体现出的领导力职责的数量即为共享领导。对领导力职责的编码基于（Fleishman et al.，1991）对团队领导力的分类，包括信息搜寻和建构、问题解决、人力资源管理以及物料资源管理。类似地，在 Bergman et al.（2012）的研究中，经过培训的评价人员观看团队讨论的录像,并对讨论过程中团队成员的领导力行为进行评价。领导力行为包括控制结构、关怀、远景规划和跨界 4 个维度,评价分为表现不佳、表现中等和表现出色 3 个等级。最终,共享领导体现为团队中表现出领导力行为的成员总量,以及团队中所有出现的领导力行为的总量。

2.3　共享领导的相关研究

2.3.1　共享领导的影响因素

前文已对共享领导的概念内涵以及测量方法进行了回顾和分析,除此之外,学者们对共享领导的形成,即共享领导的影响因素,也进行了探索和研究。通过对已有文献的回顾,本研究从组织因素、垂直领导、团队特征以及团队成员特征 4 个方面介绍共享领导的影响因素,既包括理论研究中的推论,也包括实证研究得出的结论。

1) 组织因素

一方面,共享领导的形成需要组织的支持,特别是组织奖励体系、培训体系以及文化体系(Pearce and Sims,2002;Pearce,2004;Pearce and Manz,2005)。员工更有可能参与那些能够获得奖励的行为。如果组织不强调共享领导,而是因循守旧地奖励,那么知识型员工也不太可能履行共享领导。组织可以把基于团队的激励和对个体的认可相结合,以增强共享领导。另一方面,组织需要利用系统的培训来提升团队成员的共享领导技能,包括发挥影响力以及接受他人的影响。更重要的是,组织要建立支持共享领导的组织文化,帮助员工转变认知,适应这种横向的领导力模式。比如,高管要以身作则,向员工传达组织对共享领导的重视。

2) 垂直领导

团队正式的垂直领导是团队共享领导形成的关键要素。垂直领导往往负责团队设计(比如根据团队任务需要确定团队规模,结合员工专长来挑选团队成员)、愿景构建以及边界管理等,因此垂直领导的行为对共享领导有重要作用(Pearce,2004)。另外,领导的教练行为,包括为成员提供建议、鼓励和支持等,能够提升团队成员参与共享领导的自信心、主动性和能力(Carson et al.,2007)。除了具体的垂直领导行为之外,已有研究还表明授权型领导(Fausing et al.,2015;Hoch,2013;Wood,2005;蒿坡、龙立荣、贺伟,2014)、变革型领导(Hoch,2013;顾琴轩、张冰钦,2017)、交易型领导(顾琴轩、张冰钦,2017)、守门型领导(Ishikawa,2012)都对团队共享领导的产生有正向作用。而 Ishikawa(2012)则认为变革型领导通过促进团队一致性规范抑制了共享领导的形成。Chiu et al.(2016)则基于社会信息处理理论,发现领导谦卑可以影响团队成员对工作环境的感知,使得员工更加重视和欣赏他人的贡献,在发挥自己影响力的同时,也更加容易接受来自其他团队成员的领导力,从而促进共享领导的产生。而且当团队成员普遍具有较高程度的主动性人格时,领导谦卑对共享领导的形成的作用更强。学者还发现垂直领导对团队成员之间的交换关系也起到重要作用。虽然高质量的领导成员交换关系有利于员工非正式领导力的涌现(Zhang,Waldman,and Wang,2012),但 Wang et al.(2017)发现,垂直领导与团队成员交换关系的差异性会削弱成员对团队的认同感,导致团队内冲突的发生,使得团队成员不愿意承担领导力职责,但服务型领导行为能够缓解这种负向作用。垂直领导对共享领导影响研究的整理结果如表2-3所示。

表 2-3   垂直领导对共享领导的影响研究

垂直领导因素	文　献	研　究　结　论
授权型领导	Wood（2005）；Hoch(2013)	授权型领导能够有效促进共享领导
垂直领导外部指导行为	Carson et al.(2007)	垂直领导的支持性指导行为能够增强团队成员胜任感、自我效能感、自我领导能力以及团队承诺,从而促进共享领导的形成
变革型领导	Ishikawa(2012)	变革型领导能够促进团队一致性规范的形成,而团队一致性规范对共享领导有负向作用
守门型领导	Ishikawa(2012)	守门型领导通过抑制团队一致性规范而有利于共享领导的形成

垂直领导因素	文　献	研　究　结　论
变革型领导	顾琴轩、张冰钦(2017)	变革型领导通过共享愿景和提升团队效能促进共享领导的形成
交易型领导	顾琴轩、张冰钦(2017)	交易型领导通过权变激励促进共享领导的形成
垂直领导任务导向、关系导向、变革导向和微观政治导向领导行为	Grille et al.(2015)	有效的领导行为对共享领导的形成有重要作用
领导谦卑	Chiu et al.(2016)	领导谦卑通过促进团队成员接受他人的影响力,有利于共享领导的形成
领导成员交换差异性	Wang et al.(2017)	领导成员交换差异性会削弱成员的团队认同,造成团队冲突从而对共享领导有负向作用

资料来源:笔者根据文献整理。

3) 团队特征

共享领导的另一个前因是团队特征。除了组织和垂直领导自上而下的影响之外,已有研究普遍认为团队本身的特征对共享领导的形成也有重要作用,包括团队成员构成、团队文化、团队过程和状态以及团队任务特征等因素。首先,团队构成影响成员之间的互动,对共享领导有潜在的重要影响。团队成员的大五人格(外向性、开放性、责任心、宜人性和情绪稳定性)以及主动性人格构成都有可能影响团队成员之间的关系,从而促进或者抑制共享领导的形成(Hoch and Dulebohn,2013,2017)。而在实证研究中,Muethel et al.(2012)发现团队中女性成员越多,团队中存在更多的信息共享和参与式领导行为,对共享领导的形成有积极的影响;而团队成员的平均年龄越大,越难以适应新的领导模式,从而对共享领导有负面影响。另外,虽然 Muethel et al.(2012)表明虚拟团队中团队成员国籍的多样化有利于共享领导的形成,但 Hsu et al.(2017)发现价值观多样化对共享领导的形成有显著的负向作用。而 Vandewaerde et al.(2011)则证明了团队成员人力资本异质性对共享领导的作用呈倒 U 形。其次,团队文化通过团队成员的信念、价值观和行为影响共享领导。比如,集体主义感比较强的团队会更以团队的共同目标为重,并且认为团队的责任应该由集体来承担,因此表现出更高水平的共享领导(Boies, Lvina, and Martens, 2011; Hill et al., 2006)。而较远的团队权力距离使团队成员更倾向于服从垂直领导(Hill et al., 2006),一致性规范会削弱团队成员发挥领导影响力的主动性(Ishikawa, 2012),两者都对共享领导有负向作用。

此外,学者们对团队过程和团队状态与共享领导之间的关系进行了比较深入的研究。比如,Carson et al.(2007)就指出在团队成员共享目标、为彼此提供社会支持以及建言的团队内部环境中,共享领导更有可能形成。另外,团队信任也有利于团队成员共享领导影响力(Small and Rentsch, 2011),而团队关系冲突则会对共享领导产生消极的影响(顾琴轩、周珍珍、戴芳,2018)。值得一提的是,Small and Rentsch(2011),Fransen et al.(2018)都强调团队成立时间的影响,他们认为共享领导不太可能在团队创立时就存在,而是需要时间使团队成员相互熟悉,并产生互动。由于很多学者将共享领导看作是团队过程,因此已有研究关于共享领导和团队过程的因果关系的观点并不一致。比如,Bergman et al.(2012)就指出,共享领导削弱了团队冲突,增强了团队信任,而不是反之。最后,团队的任务特征,比如任务的复杂性和创新性等也对团队产出,包括团队的共享领导有重要作用(Pearce and Sims, 2002)。Serban and Roberts(2016)发现任务的模糊性使得团队成员需要协作来解决问题,从而有利于共享领导的产生。类似地,Fransen et al.(2015)指出团队目标和任务互依性也对共享领导有积极的作用。不仅如此,顾琴轩等(2018)还检验了任务互依性对团队关系冲突和共享领导之间关系的调节作用。团队特征对共享领导影响研究的整理和归纳如表2-4所示。

4) 团队成员特征

现有研究中,对团队成员如何自下而上影响共享领导的形成也进行了初步探索。Fransen et al.(2018)发现团队成员的胜任力和热情分别被其他成员感知为任务导向和关系导向的领导力,这种领导力的涌现有利于团队共享领导的形成。Grille et al.(2015)指出每个团队成员都需要心理授权感,才更可能参与共享领导的互动影响中,而奖励的公平感作为一种外在动机,也可以提高每个团队成员发挥领导影响力的积极性,从而促进团队形成共享领导。

表 2 - 4　团队特征对共享领导的影响研究整理

团 队 特 征	文 献	研 究 结 论
团队成员构成 团队成员平均年龄 团队成员国籍多样性	Muethel et al. (2012)	团队成员平均年龄负向影响共享领导 团队成员国籍多样性正向影响共享领导
团队女性占比 团队成员价值观多样化	Hsu et al. (2017)	团队女性占比正向影响共享领导 团队成员价值观的多样化负向影响共享领导
团队人力资本异质性	Vandewaerde et al.(2011)	团队人力资本异质性与共享领导呈倒 U 形关系
团队文化 团队集体主义 团队权力距离	Hiller et al. (2011)	团队集体主义与共享领导正相关 团队权力距离与共享领导不显著相关
团队一致性规范	Ishikawa (2012)	团队一致性规范负向影响共享领导
团队过程和状态 团队内部信任	Small and Rentsch(2011)	团队内部信任正向影响共享领导
团队内部环境(共享目的、社会支持和建言)	Carson et al. (2007)	团队内部环境正向影响共享领导
交互记忆系统	Chen and Liu (2018)	交互记忆系统正向影响共享领导
团队关系冲突 团队情绪耗竭	顾琴轩等(2018)	团队关系冲突和情绪耗竭均负向影响共享领导
团队成立时间	Fransen et al. (2018)	团队成立时间正向影响网络密度表示的共享领导,负向影响网络中心化程度表示的共享领导
团队正直	Hoch(2013)	团队正直正向影响共享领导
团队心理安全	Han et al. (2019)	团队心理安全正向影响共享领导感知
团队任务特征 团队任务凝聚力 团队任务模糊性	Serban and Roberts(2016)	团队任务凝聚力正向影响共享领导力 团队任务模糊性不显著影响共享领导
团队互依性	Fausing et al. (2015)	团队互依性正向影响共享领导

资料来源:笔者根据文献整理。

2.3.2 共享领导的作用结果

相对于共享领导的影响因素研究,更多学者针对共享领导的作用结果进行了检验,并且针对共享领导作用的边界条件展开了进一步研究。本节将从团队和团队成员两个层面介绍共享领导的作用结果,并总结共享领导发挥作用的边界条件。

1) 共享领导对团队的作用

总体上来讲,学者们普遍认为共享领导对团队有积极的作用,包括团队过程和团队产出。

首先,有研究表明,共享领导能够影响团队的认知和动机过程。Ensley, Pearson, and Pearce(2003)从理论上论证了共享领导对团队凝聚力和团队愿景的积极作用。Boies et al.(2011)通过对高校研究生组成的 49 个商业模拟小组研究发现,共享领导能够增强团队信任并提高团队潜能。类似地,Bergman et al.(2012)通过对 45 个临时决策小组进行分析,发现共享领导可以提升团队信任、团队一致性以及团队凝聚力。除此之外,学者们发现共享领导还可以增强团队心理安全(Liu et al., 2014)、团队心智模式相似性(McIntyre and Foti, 2013)和团队信心(Nicolaides et al., 2014)。

其次,共享领导也对团队情感过程产生作用。Hmieleski et al.(2012)在新创企业高管团队中发现,共享领导可以提升团队积极情感基调。类似地,蒿坡、龙立荣、贺伟(2015)则提出共享领导有利于团队激情氛围的形成。

再次,共享领导还会影响团队行为过程。已有研究中,多位学者都检验了共享领导对团队知识共享的积极作用(Gu et al., 2018)。Liu et al.(2014)研究认为,共享领导对团队学习有正向作用。Bergman et al.(2012)还发现,共享领导还可以减少团队冲突。

最后,大量研究检验了共享领导和团队产出的关系,而且普遍认为共享领导可以显著提升团队绩效(Carson et al., 2007;Drescher et al., 2014;Fransen et al., 2018;Hiller et al., 2006;Muethel et al., 2012;蒿坡等,2015)和团队有效性(Ensley et al., 2003;Pearce and Sims, 2002;

Vandewaerde et al.，2011；Wang et al.，2014）。不仅如此，Sun et al.（2016）和顾琴轩、张冰钦（2017）认为，共享领导对团队创造力也有重要的作用。学者们还进一步探索了共享领导和创造力的关系。比如，Wu and Cormican（2016）通过社会网络方法测量共享领导，并检验了采用不同指标测量的共享领导对团队创造力的作用，发现用网络密度表示的共享领导对团队创造力有正向作用，而用网络中心化程度表示的共享领导对团队创造力有负向作用。而蒿坡等（2014）则采用了过程视角和投入视角检验了共享领导对团队创造力的作用，并发现在过程视角下，共享领导对团队创造力有积极影响；而在投入视角下，共享领导会负向调节授权型垂直领导对团队创造力的积极作用，当共享领导水平较高时，授权型垂直领导对共享领导的作用不再显著。除了团队创造力之外，学者们还检验了共享领导和团队创新之间的关系。比如，Hoch（2013）收集了 43 个工作团队的数据，发现无论是在研发团队还是在培训开发团队中，共享领导都能够促进团队创新行为。Kakar（2017）通过对 44 个软件开发团队的研究发现，共享领导不仅能够显著提升团队有效性，而且有利于团队创新。孙华、丁荣贵、王楠楠（2018）则通过对 4 个创新项目团队进行案例研究，发现了共享领导对团队创新绩效的重要作用。

另外，有学者检验了共享领导对高管团队的产出，也就是组织绩效的作用。比如，Pitelis and Wagner（2019）从理论上讨论了战略领导团队共享领导对组织认知和组织动态能力的重要作用。Mihalache et al.（2014）的研究发现，共享领导不仅可以提升高管团队决策的全面性，而且能够有效促进组织二元性。Umans et al.（2020）也验证了高管团队共享领导对组织二元性的积极作用。而 Chen and Liu（2018）则认为，高管团队共享领导还可以有效提升组织的创新二元性。

2）共享领导对团队成员的作用

除了对团队的影响之外，学者还检验了共享领导对团队中个体成员的作用。比如，Bergman et al.（2012）发现共享领导能够提升团队成员的满意度。Liu et al.（2014）认为共享领导能够在促进团队学习的同时，对促进个体学习也发挥积极作用。吴江华、顾琴轩、梁冰倩（2017）则通过对 74 个工作团队的研究发现,共享领导能够增强员工的心理所有权(psychological ownership),从而进一步提升员工的创造力。类似地,袁朋伟等(2018)对 87 个工作团队的数据分析结果表明,共享领导有效促进了员工的知识分享行为和创新行为。

3) 共享领导作用的边界条件

相比于共享领导的前因研究,学者们还探讨了共享领导作用效果的边界条件,主要包括任务特征、团队特征以及共享领导的测量方法。Bligh,Pearce,and Kohles(2006)从理论上讨论了任务复杂性和互依性可以增强共享领导对知识创造的正向作用。Wang et al.(2014)则通过元分析表明,团队任务复杂性调节共享领导与团队有效性之间的关系。当任务复杂性较高时,共享领导对团队有效性的积极作用就越强。类似地,Nicolaides et al.(2014)通过元分析发现团队任务互依性也会调节共享领导和团队绩效之间的关系。当团队互依性越强时,共享领导对团队绩效的正向作用越显著。Liu et al.(2014)在检验共享领导对团队和个体学习的作用时发现,团队成员感知的工作多样性可以调节共享领导和个体学习之间的关系。除此之外,Drescher and Garbers(2016)研究发现,团队共通性可以增强共享领导对团队绩效和成员工作满意度的积极作用。Chiu et al.(2016)表示,团队成员的任务胜任力越强时,共享领导对团队绩效的正向作用越强。Nicolaides et al.(2014)还发现,团队年限也会调节共享领导与团队绩效之间的关系。在成立年限较短的团队中,共享领导对团队绩效的积极影响更强。最后,D'Innocenzo et al.(2016)通过元分析发现,不同的测量方式对共享领导的效果也有影响。

2.4 创新团队的定义与特征

2.4.1 创新团队的概念与内涵

团队如今虽然已经成为组织中使用最广泛的一种工作方式,但其发展不过几十年历史。在 20 世纪 50 年代之前,组织几乎都没有成立团队,而更多的是沿袭泰勒的管理理念,设置专门化的、职能范围很窄的和个体化的工作。随着越来越多学者批评当时机械化和威权化的组织,并呼吁员工更多地参与组织决策制定中,工作团队才逐渐受到组织的重视。宝洁公司、通用汽车、沃尔沃等都在 20 世纪六七十年代开始在其车间或者工厂成立了工作团队。随着质量管理的流行和普及,工作团队的应用在 20 世纪 80 年代得到扩展(Hackman and Wageman,1995)。生产团队和项目团队在诸如波音等很多大公司获得了成功,工作团队逐渐成为管理变革的关键角色。到 20 世纪 90 年代,团队的重要性已经成为社会共识,公司里开始出现各式各样的团队来完成不同的任务,学者们开始尝试将团队进行分类,并针对不同的团队进行具体的研究,比如生产团队、服务团队、管理团队、项目团队、顾问团队和行动小组等(Sundstrom et al.,2000)。团队帮助组织获得了巨大的成功,随着创新成为组织建立竞争优势的关键,组织也顺理成章地试图依赖于创新团队来获得成功,学者们也针对如何建立高效的创新团队展开了研究(Harris,2003)。

创新团队作为团队的一种,首先具有一般团队的内涵和特征,"是有边界的完整社会系统,成员承担不同的角色和职责,且具有互依性,团队成员为了共同的目标执行团队任务,并对团队的成果集体负责。团队在组织情境下运行,作为一个整体与组织中其他的个体或团队相处,并建立联系"(Hackman,1990)。基于团队的研究,学者们对创新团队的内涵进行了拓展和界定。比如,Farris(1972)认为,创新团队是由科学家和工程师所组成的科研团队。Kratzer et al.(2005)表示创新团队通常由专业的跨职能的成员组成,并且执行复杂的和结果不确定的团队任务。通过对已有文献的梳理,笔者整理出现有的创新团队定义(见表 2-5)。具体来看,任务性质和人员组成是被用来定义创新团队的两大重要因素。另外,相比早期的研究,创新团队所涉及的工作和人员范围越来越广。一方面,创新团队不再仅仅涉及由组织中最专业和高端的人才所参与的重大项目(Nerkar,McGrath,and MacMillan,1996),而是强调团队成员角色和职能的匹配,以及对创新任务的承担(Paletz,2012)。另一方面,针对创新团队,也开始出现了更详细的分类。比如,段万春等(2016)研究了层式创新团队,并将其定义为在不同的任务情境下,具有不同技能的团队成员根据角色需要,遵循由上而下直线型结构任务划分和技能配置,实现统一指挥和管理的规范化、结构性创新的研究群体。而另一种类型的创新团队——工作组类型创新团队,则特指将各职能部门中涉及某一具体研究方向或研究项目的成员集中形成的独立工作群体(孙新乐等,2016)。

表 2-5　创新团队概念内涵总结

作　者	时间	创新团队定义
Farris	1972	是由科学家和工程师所组成的研发团队
Nerkar et al.	1996	是公司中参与主要创新项目的项目团队
Kratzer et al.	2005	通常由专业的跨职能的成员组成,履行复杂的、结果不确定的任务的团队
李卫东	2005	具有相关技能和知识背景的成员组成的完成创新任务的团队
Taylor and Greve	2006	组织用来开发创新的团队
朱明洁、林泽炎	2007	是任何组织内部为特定创新目标构建的,由志趣一致、相互欣赏、技能互补的一群业务精英组成的临时性非常设组织,担负着知识创新的重大使命
Dew and Hearn	2009	强调创造力和创意产生的团队
Paletz	2012	承担创新任务的项目团队
王重鸣、胡洪浩	2015	需要成员合作完成创新项目的团队
赫连志巍、袁翠欣	2016	组织中承担开放性技术创新任务的团队

资料来源:笔者根据文献整理。

基于已有研究,我们认为创新团队是组织中由具有不同知识和技能的成员组成的,产生有用的新的想法并加以应用,履行创新任务的微观组织单元。比如,研发团队、跨职能项目团队、新产品开发团队和创意设计团队等各种与创新活动相关的团队,都属于创新团队(Dew and Hearn,2009)。创新团队与普通团队有诸多共同之处,比如,互依性存在于所有团队中,团队都要面对管理和交流等问题,以及潜在的失败风险。但创新团队又具有自己独有的特征,与不涉及创新任务的普通团队相比,创新团队在工作任务和人员等各个方面都有很大程度的区别,而这些特征对创新团队的管理成效都有重要的影响(Magpili and Pazos,2018;Paletz,2012)。为此,对创新团队的进一步研究需要对创新团队的具体特征进行详细的分析。

2.4.2 创新团队特征

1) 创新团队任务特征

首先,创新团队任务具有新颖性。新颖性包括任务本身与以往不同,或者要求创新团队的解决方案与以往或者竞争对手的相比是新的(Amabile,1983)。因此,创新团队成员往往无法依赖已有的工作流程,也无法对工作过程进行事前的结构化分解(Sicotte and Langley,2000)。

其次,创新团队任务往往具有较高程度的复杂性。创新一般包含创意产生和创意实施两个完全不同甚至相反的过程。而且在实践中,两个过程往往交叉往复,持续变化,这使得创新团队的工作呈现复杂和非线性特点(Rosing,Frese,and Bausch,2011)。

再次,创新团队任务还具有较高程度的不确定性。不确定性是指团队的输入、过程和产出都具有不可预测性。在团队层面,任务不确定性表现为团队难以甚至不可能去预测什么时候应该执行哪些任务,以及如何执行任务,能够取得何种效果。这种不可预测性可能是由于可得资源数量和质量的限制、技术过程的不可靠、客户需求的变化或者市场条件的改变(Wall,Cordery,and Clegg,2002)。任务不确定性和任务复杂性不同,不确定性是任务环境的产物,而复杂性则更多的是关于任务本身。在非创新团队里,团队任务也可能具有较高程度的复杂性。

最后,创新团队的产出难以度量。由于创新团队所面临的不确定性和模糊性,创新团队的任务执行结果也存在较高程度的不确定性,甚至有很大的失败可能性,因此,难以对创新团队的产出进行定义和明确规定

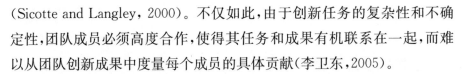

(Sicotte and Langley，2000)。不仅如此，由于创新任务的复杂性和不确定性，团队成员必须高度合作，使得其任务和成果有机联系在一起，而难以从团队创新成果中度量每个成员的具体贡献(李卫东，2005)。

2) 创新团队成员特征

为了完成创新团队复杂且充满不确定性的任务，组织往往会挑选跨职能部门和跨学科的员工组成创新团队，以提升团队快速响应外界压力的能力(Zheng，Khoury，and Grobmeier，2010)。

首先，创新团队的成员往往是知识型员工，对工作自主性有较高的要求。工作自主性是指员工在执行任务时，对工作过程、决策和时间管理的自主性和独立性(Hackman and Oldham，1980)。创新成员往往在各自领域具有一定水平的专业知识和技能，在面对复杂和不确定的任务时，需要自主决策的自由来增强对工作的控制感和责任感，并且及时地探索和尝试新的机会和解决方案，以应对突发情况或遇到的难题。

其次，创新团队的成员更加重视工作带来的成就感，以及来自其他成员的认可，对于物质奖励反而没有过高的追求。对于创新团队的成员来说，有挑战性的工作任务和目标对其具有很大的吸引力，在工作中受内在动机的驱动，有强烈的个性和自我实现的需求。他们认为自己的专业知识和技能可以为团队做出重要的贡献，更看重工作的意义感(Pearce and Manz，2005)。

最后，创新团队成员有较强的学习倾向和较大的成长需求。创新团队具有挑战性的工作任务使得成员必须付出额外的努力以投入持续的学习中，并且他们本身具备较高的专业素养，对知识有较强的消化吸收能力，这有利于他们建立较强的自我效能感，相信自己可以通过互相交流和学习来解决问题(Holman et al.，2012)。不断学习也是创新团队成员自我成长的重要手段。员工成长需要员工自己认识到成长的需求并且愿意学习，违背员工意愿的组织培训和开发也无法取得良好的效果(Antonacopoulou，2000)。创新团队成员对职业目标有较高的追求(朱明洁、林泽，2007)，新的知识和技术的不断涌现，使得他们更愿意追求自我成长以适应工作和职业发展的需要，最终实现自我价值。

2.5 创新团队领导力

尽管大多数研究都认可公司政策或者组织因素对创新的重要性,越来越多的学者开始关注创新团队中领导力的影响。比如,Thamhain(2009)指出领导力对技术项目团队创新绩效的关键作用,并分析了有效领导力的准则。Zacher and Rosing(2015)也认为领导力是影响创新和创新团队绩效最重要的因素之一。因此,对创新团队的进一步研究,领导力是关键且不可避免的一大主题。创新团队的领导所面对的工作情境非常复杂,一方面,他们必须帮助团队成员提升自己的胜任力和其他能力;另一方面,他们又要在有限的时间和预算内实现团队目标(Gebert,Boerner, and Kearney,2010)。所以尽管学者们普遍认为领导力对创新团队的成功至关重要,但到底哪些领导行为或者领导方式可以有效提升创新团队的绩效,目前仍没有得出一致结论。

本书通过对现有文献进行梳理,试图对创新团队中领导力的研究脉络做出分析。总体来说,与领导力研究的发展趋势相对应,学者对创新团队中领导力的探索,也经历了传统的以组织任命的正式垂直领导为核心,到领导力的协作与共享,最后越来越强调来自团队成员的共享领导(Lord et al.,2017)。

2.5.1 创新团队垂直领导

在以往领导力与创新领域的研究中,变革型领导受到最多关注(胡泓、顾琴轩、陈继祥,2012)。变革型领导包含四个维度:理想化影响力、鼓励性激励、智力激发以及个体化关怀(Bass,1985)。其中,理想化影响力是指变革型领导充满魅力的角色模范行为;鼓励性激励是指变革型领导通过构建具有感召力的愿景赋予员工工作意义;智力激发是指变革型领导鼓励下属挑战现状,重构问题,并且以创新的方式改进原有方案;个体化关怀则和变革型领导的指导和教练行为有关。Eisenbeiss, van Knippenberg, and Boerner(2008)认为,变革型领导不仅会明确具有挑战性的愿景,而且会成为团队成员创造力行为的典范。除此之外,变革型领导还会鼓励团队成员跳出固有思维模式,采用探索性的思考风格,并且也会为团队成员指出看待已有问题的不同视角,启发员工批判性地看待现有的工作流程和方法,从而提升团队的创新绩效。变革型领导还会通过提升团队成员自我效能和内在动机进一步增强创新团队成员的创造力和创新水平(Shin and Zhou, 2003)。Keller(2006)指出,研发项目团队成员会出于对变革型领导所提出的愿景的承诺,以及更高的自我效能感知,而挑战现状,并将团队目标置于个人利益之上,表现出超过预期的行为。除此之外,Jung and Sosik(2002)等人的研究检验了变革型领导对创新团队的重要作用。虽然学者们认可变革型领导与创新密切相关,但现有研究无法得出一致结论。比如,Waldman and Atwater(1994)就没有发现变革型领导与研发团队绩效之间的显著关系。这表明领导力与团队创新的关系也许比想象中要更加复杂。

为了能够匹配复杂的创新活动,学者们不断探索更加复杂的领导力理论和模型。Gebert et al.(2010)提出,由于创新的复杂性和不确定性,团队领导需要同时采取开放式和闭合式两种相反却又互补的行动策略。开放式行动策略(比如授权型领导)促进知识产生,闭合式策略(比如指导型领导)促进知识整合。类似地,Rosing et al.(2011)认为同时兼顾开放和闭合行为的二元领导是促进团队和个体创新的关键。二元领导对应创新同时具备拓展性和突破性的二元特征,要求领导能够利用开放式领导行为实现突破,利用闭合式领导行为促进拓展,并能够根据情境的要求进行灵活切换。具体来说,开放式领导行为包括鼓励员工发散性思考和实验性行为,为员工提供自主思考和行动的空间,支持员工挑战现状等,以促进员工行为的变化;而闭合式领导行为包括修正员工行为,设立行为准则,监控目标完成情况等,以抑制和削弱员工行为的变化。二元领导同时考虑到团队内创造力激发所需的突破性,以及创造力实施所需的拓展性,最终提升团队的创新水平。学者们也对二元领导的作用进行了实证探索。比如,

Zacher and Wilden(2014)就检验了二元领导对创新的积极影响。更进一步地，Zacher and Rosing(2015)通过对 33 个团队的分析发现，开放式领导行为能够正向作用于团队创新，虽然闭合式领导行为对团队创新没有直接效应，但开放式和闭合式领导行为的交互，也就是当开放式领导行为和闭合式领导行为同时作用于团队创新时，能够获得最佳的效果。

随着学者们对创新复杂性的充分认知，与之相关的领导力理论也在不断迭代。正如前文中提到的二元领导理论所指出的，创新的管理涉及一系列矛盾的行为，虽然领导独自胜任创新的管理工作并非完全不可能，但要掌握所需的全部技能，往往也超出绝大多数人的能力范围。比如，二元领导就无法保证在同时进行两种相反的行动策略时，彼此之间不会产生矛盾，甚至会互相抵消各自的积极作用(Zacher and Wilden，2014)。为此，Hunter et al.(2012)认为对于创新团队和创造力管理来说，协同领导也就是两人共同领导要比单独的领导更加有效。首先，两人在制定决策时可以迅速、频繁地交流沟通。创新团队的工作繁杂，两人的沟通要比集合整个团队更加高效。其次，两个人的组合避免了群体之间的政治争斗，减少了冲突的可能性。最后，对两个人的所得资源和奖励进行分配，比在三个人甚至更多人中更容易操作。比如，苹果公司创新的成功在很大程度上归功于史蒂夫·乔布斯和史蒂夫·沃兹尼亚克，以及后来蒂姆·库克的协同领导。虽然乔布斯为苹果公司带来了愿景和创新驱动力，但仍需要技术和商业人才对他的支持甚至挑战。乔布斯和搭档具有同样的目标、互补的技能以及工作方式，这种专业技能的多样性对创新来说至关重要。

除此之外，学者们也越来越强调创新团队垂直领导应该注重发挥团队成员的影响力。Thamhain(2009)就认为技术团队领导的首要任务就是要营造支持性的工作环境。其实，让员工更多地参与创新团队的决策中，已经是大多数学者们的共识。比如说，Leana(1985)就提出参与式领导比指导式领导更适合创造性任务。Zheng et al.(2010)认为创新团队的领导应该成为"掌舵手"而非管理人员。作为掌舵手，领导要做的是把握整个团队努力的方向，而不是专注在细枝末节上。领导应采取一种放手和授权的工作方式，包括允许成员自主选择自己的工作方法、尽可能少地干预员工自主工作，以及维持一个弹性的工作计划。已有研究也强调了领导授权对团队创造力和创新的重要作用。Hon and Chan(2013)研究发现，授权型领导可以通过增强团队自我整合以及团队自我效能以提升团队的创造力，并且在团队任务互依性高的时候作用更强。更进一步地，Yoshida et al.(2014)研究表明，专注于促进下属个人成长，并且将他人利益置于自己利益之上的服务型领导也对团队创新有积极作用。对已有创新团队中垂直领导力的研究整理和归纳如表2-6所示。

表 2-6　创新团队垂直领导作用的相关研究总结

垂直领导	文献	结果变量	研 究 结 论
参与式领导	Leana(1985)	创造性任务	参与式领导比指导式领导更适合创造性任务
创新团队领导行为	Kolb(1992)	创新团队绩效	创新团队中，有效的领导行为包括成为团队代言人，与上级保持良好关系，授予员工责任以建立信任，为员工提供自主权等
魅力型和顾问型领导	Stoker et al.(2001)	研发团队创新	相比于教练型、倡导型和关怀型领导风格，魅力型和顾问型领导风格对研发团队的创新作用更大
魅力型领导	Paulsen et al.(2009)	研发团队创新	魅力型领导更有利于提高研发团队的创新绩效
变革型领导	Eisenbeiss et al.(2008)	团队创新绩效	变革型领导通过设立挑战性的愿景和启发成员批判性思维提高团队创新绩效
二元领导	Rosing et al.(2011); Zacher and Rosing(2015)	团队创新	开放式领导行为能够正向作用于团队创新，而且开放式和闭合式领导行为的交互对创新的作用更强
协同领导	Hunter et al.(2012)	创新团队绩效	对于创新团队和创造力管理来说，协同领导也就是两人共同领导要比单独的领导更加有效
垂直领导行为	Thamhain(2009)	技术团队绩效	技术团队领导的首要任务就是要营造支持性的工作环境
授权型领导	Hon and Chan(2013)	团队创造力	授权型领导通过增强团队自我整合和自我效能提高团队创造力
服务型领导	Yoshida et al.(2014)	团队创新	服务型领导可以增强团队成员自尊和团队效能，促进团队创新

资料来源：笔者根据文献整理。

2.5.2 创新团队共享领导

虽然已有研究仍致力于探索一种充满魅力的、无所不知的、自上而下的激励和领导创新团队的垂直领导力,但也有很多学者开始用另一种观点重新看待创新团队中的领导力,认为充分利用来自团队成员的非正式领导力才能更好地应对现实中创新团队所面临的巨大挑战。其中,最有代表性的就是共享领导力(Pearce and Conger,2003)。一方面,对于处在动态复杂环境中的创新团队来说,需要增强灵活性,减少响应时间,最大限度地利用现有的人力资本来提升有效性和竞争力;另一方面,创新团队中的员工对工作自主性和工作意义的要求也越来越高,期望自己能在工作中发挥更大的影响力(Pearce and Manz,2005)。有学者也指出,在任务复杂、不确定性高、互异性强并且需要高水平创造力的创新团队中,往往更需要共享领导来实现团队目标(Pearce,2004;Hoch and Kozlowski,2014)。

在创新团队中,共享领导的形成意味着团队成员高度合作,并且具有高度的自主性,这有利于创新团队成员多样化的专业知识得到最大化利用,从而提升创新团队的创造力水平和绩效(Sun et al.,2016)。具体来讲,Hoch(2013)的研究认为,共享领导能够从创意产生和创意实施两个阶段提高产品开发团队的创新水平。对于创意产生来说,共享领导有利于拥有不同知识背景的团队成员之间的交流和共享,增加创新团队形成创新想法的可能性。另外,当共享领导使得团队成员都为了团队目标而努力时,团队成员会彼此支持,相互提供所需的反馈和资源,更加有效地解决创新实施过程中遇到的问题。因此,在创新团队中,比起垂直领导,来源于团队的共享领导可能具有更大的影响力。Wu and Cormican(2016)也发现共享领导对工业设计团队的创造力水平有积极的影响。除此之外,Kakar(2017)在研究中提出,软件开发团队涉及复杂的协作型工作,需要整合团队成员独特的知识和技能。只有团队成员都参与愿景构建、决策制定和问题解决中并发挥自己的影响力,创新才更可能发生。孙华等(2018)也认为,共享领导一方面可以提高成员决策参与性,促进知识的有效交互；另一方面可以增强团队凝聚力，保持积极的团队氛围，从而提升研发团队的绩效。

正如 Mathieu et al.(2008)所说，关于创新团队的有效领导，基于团队成员领导力的出现和发展是必然的趋势。因此，现有研究不应拘泥于以往英雄主义领导力的理念和认知，而需要突破垂直领导和基于成员的共享领导力孰优孰劣的讨论，转换观念和视角，找出真正有价值的研究问题，探索共享领导力的复杂性，对知识时代创新团队领导力模型的构建做出贡献。

2.6　现有研究局限及本书的研究方向

基于对以往文献的回顾可以看出，与普通团队相比，创新团队具有独有的特征，而且越来越依赖共享领导以实现团队创新目标。但目前针对创新团队共享领导的研究却没有得到学者们足够的重视，仍存在很多不足。本书通过总结现有研究的局限性，明确针对创新团队共享领导进行更加深入探索的方向。

2.6.1　创新团队共享领导量表有待开发和检验

已有文献对创新团队共享领导的具体内涵和结构的讨论还十分欠缺。本研究在对以往文献进行回顾时发现，大部分共享领导研究所采用的样本都来自高校学生组成的临时任务团队，或者工作场所中的高管团队及虚拟团队。只有部分学者关注了创新团队中的共享领导，如研发团队(Ishikawa，2012)、跨地区新产品开发团队（Hoch and Kozlowski，2016)、软件开发团队(Kakar，2017)以及创新项目团队(孙华等，2018)等。这些研究对共享领导的测量采用了不同的视角和方法，既包括团队聚合方法，也涉及社会网络方法，但往往局限于改编或采纳传统的垂直领导力量表。虽然这样有利于比较垂直领导和共享领导的作用效果，但忽视了垂直领导和共享领导在职能上可能存在的差异(Drescher et al.，2014；

Morgeson，DeRue，and Karam，2010）。更重要的是，已有研究没有对创新团队与传统团队做出区分，没有针对创新团队的具体情境对共享领导进行深入探索。Morgeson et al.（2010）认为，团队领导力的首要任务是履行相应的职责以满足团队完成任务的需求。由于创新团队的任务性质，其成员构成以及团队目标都不同于传统团队，创新团队中的领导方式和所需要履行的职能与传统团队也有所不同（Harris，2003）。正如 Sundstrom et al.（2000）所指出的，随着工作团队得到更广泛的应用，不同类型团队的有效性的影响因素需要具体研究，建立与其相适应的理论模型。比如，项目团队中外部沟通更重要，管理团队中人员构成更重要，服务团队中激励和奖励更重要。Acar（2010），Mihalache et al.（2014）等也都根据自身研究所涉及的具体情境（如多样化管理和高管团队）设计了适用的量表，因此，对创新团队共享领导的进一步研究，首先要明确其内涵和维度结构，并结合创新团队情境与特征探索创新团队成员共享领导力职责和互相影响的具体内容。本研究通过对以往共享领导的主要研究成果进行总结，并且与相似概念进行辨析，明确了共享领导的内涵，也归纳了创新团队的特征，下一步努力的方向就是在此基础上开发和验证创新团队共享领导量表，形成具有良好信度、效度的测量工具。

2.6.2　创新团队共享领导前因研究有待深入

通过对文献的回顾可以发现，尽管已有大量研究检验了共享领导的结果，但是关于共享领导形成机制的研究仍较为欠缺。在本书所回顾的共享领导研究中，除去综述以及理论文献，剩余 88 篇文献中有 77 篇涉及了共享领导的结果，但是仅有 29 篇讨论了前因，而其中涉及实证研究的仅有 20 篇。Pearce 等人在一开始提出共享领导概念的同时，就从组织、垂直领导以及团队等方面概括了可能会影响共享领导形成的因素，认为共享领导是一种复杂的、动态的团队现象，构建共享领导需要组织中各个角色的共同努力（Pearce，2004；Pearce and Manz，2005）。但由于学者们将大部分精力聚焦在提炼共享领导内涵、对共享领导进行测量以及探索共享领导对团队的作用效果等问题上,对共享领导的形成机制未能给予足够的关注。比如,已有文献忽略了组织因素对共享领导的影响(Zhu et al.,2018)。另外,虽然现有研究针对垂直领导、团队因素以及团队成员特征对共享领导的作用,已经得出了一些结论,但仍需进一步深入研究。首先,对垂直领导的影响往往关注了垂直领导的风格和行为(Grille et al.,2015;Hoch,2013),而对垂直领导的认知、情感和态度则鲜有涉及。由于垂直领导的行为受到其认知、情感和态度的影响,已有研究的不足阻碍了组织进一步理解如何通过影响垂直领导促进共享领导的形成。其次,对于团队成员的行为如何自下而上影响共享领导的形成,已有文献也没有给出足够的解释,而团队成员的能力、动机、行为以及成员关系等都可能对共享领导有重要的影响(Zhu et al.,2018)。

实际上,已有研究对共享领导前因的探讨不仅非常有限,而且往往局限于提出垂直领导或团队因素对共享领导的直接作用。到目前为止,仅有一小部分学者提出了垂直领导行为(Hsu et al.,2017)、团队主动性人格(Chiu et al.,2016)和团队虚拟性(顾琴轩、张冰钦,2017)等因素在前因变量和共享领导之间的调节作用。而关于中介机制的研究,只有顾琴轩等(2018)学者的一篇文献检验了团队冲突如何通过加剧团队情绪耗竭从而抑制了共享领导的形成。对共享领导前因研究的欠缺使得我们对共享领导形成机制的理解非常有限,也限制了共享领导理论的拓展和完善,以及共享领导在管理实践中的应用。因此,鉴于垂直领导和团队成员对共享领导的形成有最重要和最直接的作用(Carson et al.,2007;Chui et al.,2016;DeRue and Ashford,2010),本研究将结合创新团队情境和特征,从创新团队垂直领导和成员两方面入手,对创新团队中垂直领导的认知如何影响其行为从而进一步促进共享领导的形成,以及团队成员如何参与共享领导的作用机制进行详细而深入的探索。

2.6.3 创新团队领导力与权力关系研究有待补充

共享领导涉及权力和影响力的共享,需要所有成员具备所需的权力来发挥影响力,共享领导本质上就与权力密不可分(Pearce,Manz,and Sims,2009)。而且,社会权力也被认为是影响力的基础(French and Raven,1959;Lord,1977)。因此,权力理应在共享领导理论的研究和发展过程中占有一席之地。但是正如 Sveiby(2011)所指出的,在集体形式的领导力研究中,对领导力与权力之间关系的阐述和探索非常少,阻碍了共享领导理论的发展和在组织中的应用。本研究通过对已有文献的回顾可以发现,现有研究仍旧忽略了共享领导与权力的关系。虽然已有部分学者强调授权对团队中形成共享领导的重要作用(Hoch,2013),但共享领导与权力的关系有待进一步补充。其实,从授权型领导的研究开始,这个问题就一直存在。学者们似乎认为让领导放弃控制和权力而向下属授权是理所当然的,并假设位于组织等级较高位置的领导会自愿将领导的权力转交给团队成员,而这一过程对领导的管理不会造成任何影响(Gordon,2002)。比如,Manz and Sims(1991)详细地描述了领导应如何引导成员参与决策和自我领导中,然而,却忽视了组织中传统的垂直领导和团队成员之间权力差异所造成的影响。另一方面,共享领导意味着团队成员全部参与领导力过程中,社会权力对团队成员之间领导力角色的感知有重要作用(Lord,1977),对于这一点现有研究也鲜有涉及。另外,在权力领域的文献中,已有学者关注到共享领导与团队中的权力结构之间的密切关系,认为共享领导不仅是对传统领导力模型的挑战和拓展,而且也为看待传统组织等级中稳定的权力分布提供了一种全新的视角:团队中存在动态的、差异化的权力结构(Aime et al.,2014)。但整合共享领导与权力的研究较少。因此,对共享领导形成机制的研究,需要进一步考虑权力的影响(Zhu et al.,2018)。垂直领导和团队成员对权力的认知会对他们的行为产生重要的影响,从而对共享领导的形成也有潜在的重要作用(Anderson and Brion,2014)。结合上一节所述,本书将结合权力和共享领导的相关文献,从垂直领导和团队成员两个方面探究创新团队垂直领导的权力感如何影响其行为并进一步作用于共享领导的产生,以及团队成员的权力感又如何促进其主动参与共享领导过程并促进共享领导的形成。

2.7 本章小结

本章通过梳理现有文献,对共享领导研究进行了全面的检索和回顾,详细介绍了共享领导的理论发展过程和概念内涵,与相似概念的区别,多角度测量方法,总结了已有研究中影响共享领导形成的因素,以及共享领导对团队和团队成员的作用。不仅如此,本章还归纳了创新团队的概念与特征,以及创新团队领导力的相关研究,发现共享领导是影响创新团队绩效的关键因素。最后,针对现有创新团队共享领导相关研究的不足,本章提出创新团队共享领导的量表有待开发和验证,而且有必要结合权力理论和研究,深入探索创新团队共享领导形成机制,为后续研究奠定基础并指明方向。

第 3 章 　理论框架和研究假设

3.1　总体研究框架

创新团队共享领导是一个复杂动态的过程。为了构建创新团队中的共享领导,需要组织和组织成员多方面的努力,包括创新团队的垂直领导和其他成员(Chiu et al.,2016;Zhu et al.,2018)。因此,进一步探索创新团队中垂直领导和其他成员对共享领导形成的作用机制,对于理解并充分发挥共享领导的效用,最终提升创新团队绩效来说至关重要。

如前文所述,共享领导力涉及权力和影响力的共享,本质上与权力密不可分。而权力普遍存在于工作场所的人际关系中,对组织中的成员来说至关重要(Anderson and Brion,2014)。根据权力接近抑制理论(Keltner,Gruenfeld,and Anderson,2003)和情境聚焦理论(Guinote,2007),获得权力或者损失权力会对个体的认知、态度和行为产生不同的影响。比如,会影响个体积极或消极地对待他人,以及个体对目标的聚焦和追求。因此,创新团队中垂直领导和成员的权力必然对共享领导的形成有重要作用。一方面,共享领导是团队成员承担领导职责以及发挥影响力的非正式过程,组织和垂直领导的授权是共享领导形成的先决条件(Pearce and Manz,2005;Hoch,2013;Zhu et al.,2018)。而垂直领导对自己权力的感知必然会影响其授权行为,甚至可能出于对权力的维护而抵制向团队授权(Haselhuhn et al., 2017; Stewart et al., 2017), 从而进一步影响共享领导的形成。另一方面, 对于创新团队成员来说, 拥有权力不仅能够提升工作有效性, 并且更容易对别人产生影响力, 而缺乏权力则意味着对工作缺乏自主和控制(Magee and Galinsky, 2008)。更有学者认为, 权力就是个体通过控制他人所重视的资源而影响他人的能力, 权力是影响力的潜在来源(Morrison, See, and Pan, 2015)。因此, 创新团队成员的权力也必然会作用于共享领导这一彼此影响的过程, 比如影响到创新团队成员主动推动工作改进和变革的主动担责行为(Morrison and Phelps, 1999)。本研究结合权力和共享领导相关文献, 基于权力的接近抑制理论、情境聚焦理论以及权力基础理论, 主要从以下三个方面来拓展目前关于创新团队共享领导形成机制的研究。

首先, 探索创新团队垂直领导的权力感如何影响其授权行为, 从而进一步促进共享领导的形成; 检验创新团队成员的权力感如何影响其主动担责行为, 从而在团队工作过程中发挥影响力, 彼此领导并最终形成团队的共享领导。权力感是指个体对自己影响他人的能力的感知(Anderson, John, and Keltner, 2012)。以往对权力的研究通常聚焦在对有价值的资源的控制上, 比如金钱、信息或者决策制定权等。相应地, 实证检验中对权力的测量也通常是将个体分配到可以控制这些资源的职位上(Anderson and Berdahl, 2002; Galinsky, Gruenfeld, and Magee, 2003)。然而, 权力不仅仅体现在对资源的控制或者个体的社会地位。权力也是一种心理状态, 个体在特定情境或关系中会对自己所拥有的相对权力形成一种内在的感知(Anderson and Galinsky, 2006)。对资源的控制、职位的威权或者社会地位往往被认为是带来权力的社会性指标, 但个体心理上的权力感和这些指标不可一概而论, 拥有资源、职位和地位未必能够给个体带来权力感。而实际上, 比起这些指标, 个体对自己权力的感知对其态度和行为有更直接的影响。因此, 学者们也越来越关注权力感的作用(Anderson et al., 2012)。类似地, 本研究也认为创新团队垂直领导和成员的权力感通过直接影响他们的行为, 最终作用于共享领导。

其次, 本研究基于权力基础理论, 检验创新团队垂直领导和成员不同

来源的权力感对其行为的影响。权力基础理论（French and Raven，
1959；Yukl and Falbe，1991)指出，根据不同的来源可以将组织中的权力
分为职位权力（法定权、奖励权、惩罚权）和个人权力（专家权、参照权）。
而不同来源的权力对于个体态度和行为的影响也不尽相同（Yoon and
Farmer，2018）。因此，有必要进一步探索基于不同来源的权力感对组织
中个体的作用。具体来说，本研究将检验创新团队垂直领导的职位权力
感和专家权力感，以及创新团队成员的专家权力感和参照权力感对各自
行为的影响。创新团队中，职位权力是垂直领导独有的权力，专家权则对
垂直领导和成员均发挥重要作用。专业知识和技能是实现团队创新目标
的关键因素。因此，无论对于垂直领导还是团队成员，知识和技能都是能
够在创新团队中发挥影响力的重要权力基础（Surakka，2008）。另外，由
于组织中的个体往往同时拥有多种权力，因此不同来源的权力可能彼此
互动对其行为产生影响。本研究也试图进一步阐述创新团队垂直领导和
成员不同来源权力感之间的互动对其授权行为和主动担责行为的影响。

　　最后，本研究将进一步探索创新团队垂直领导和成员行为对共享领
导产生作用的边界条件。组织中的个体对变革往往都有抵制的倾向
（Dent and Goldberg，1999）。而共享领导是一种全新的领导范式，在从传
统的领导力模式向共享领导过渡的过程中，垂直领导甚至团队成员对这
种变化可能都难以接受。因此，对边界条件的理解有助于组织确保垂直
领导和团队成员为构建共享领导所付出的努力能发挥最大的效用。一方
面，考虑到领导授权行为并不是在所有情境下都能起到积极的作用，本书
提出，团队权力距离倾向作为一种重要的团队价值观，会调节领导授权行
为对共享领导的作用。与以往研究一致，本书认为团队权力距离倾向会
影响团队成员对于领导威权的接受程度，从而影响团队成员如何看待领
导的授权行为，进一步影响到垂直领导授权行为对共享领导的积极效用。
另一方面，影响力存在于社会关系中，是一个关系性构念，涉及寻求他人的
顺从和服从（Cialdini and Goldstein，2004）。因此，当团队成员履行领导力职
责，做出主动担责行为，发挥领导影响力时，需要其他成员认可这种行为，以
及愿意接受这种影响力，共享领导才可能产生。本研究认为团队学习导向

有利于团队成员积极看待团队中主动担责行为所带来的改变,更加愿意接受其他成员主动担责行为所带来的影响力,从而保证主动担责对共享领导的形成发挥积极作用。综上所述,本研究提出如图3-1所示的理论模型。

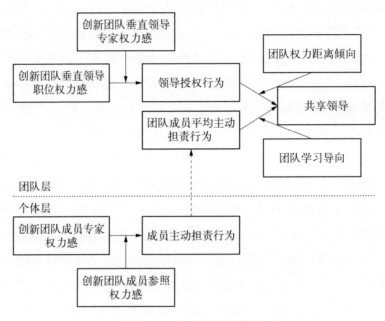

图 3-1 本书的理论模型

3.2 权力相关理论

3.2.1 权力的接近抑制理论

为了解释权力对个体情感、认知以及行为的影响,Keltner 等人通过整合以往心理学中关于权力的研究,在此基础上提出了权力接近抑制理论(power approach-inhibition theory),并成为权力研究中最重要的理论框架之一。基于 Gray 等人(1991,1994)的一系列关于接近和抑制性的神经基质及其与情绪和情绪失调之间关系的研究,以及 Higgins(1999)的促进性和抑制性自我调节焦点理论,Keltner et al.(2003)认为权力会作用于个体接近式或抑制式行为系统的激活,并提出了一系列命题(见表 3-1)。接近式行为系统涉及与食物、安全、成就、攻击性或者社会依附有关的行为,往往会被奖励和机会所激活,并帮助个体实现与这些奖励相关的目标。接近式行为系统包括激励接近式行为的情感状态,对环境中奖励的认知,以及趋向奖励的行为。而抑制式行为系统类似于一种威胁预警系统,会被惩罚、威胁以及不确定性激活。抑制式行为系统涉及焦虑等情感状态,以及对惩罚的警戒、留意和规避行为等。

表 3-1　权力接近抑制理论相关命题

命　题	具　体　内　容
命题 1	高权力提升个体积极情感的体验和表达
命题 2	低权力提升个体消极性感的体验和表达
命题 3	高权力提升个体对奖励的敏感性
命题 4	低权力提升个体对威胁和惩罚的敏感性
命题 5	高权力倾向于将他人看作是实现自己目标的手段
命题 6	低权力个体倾向于将自己看作是他人实现目标的手段
命题 7	高权力增强个体自主性的社会认知
命题 8	低权力增强个体控制性的社会认知
命题 9	高权力个体更有可能实施接近式行为
命题 10	低权力个体更有可能实施抑制性行为
命题 11	高权力提高个体社会行为的一致性和连贯性
命题 12	高权力增强个体社会不恰当行为的可能性

资料来源:KELTNER D, GRUENFELD D H, ANDERSON C. Power, approach, and inhibition[J]. Psychological Review, 2003(110):265-284.

　　根据权力接近抑制理论,高权力会激活接近式行为系统。高权力的个体容易获得充裕的资源,而且权力使得个体认为自己可以依意愿行事而不会引起严重的社会后果(Aquino and Lamertz, 2004)。因此,高权力的个体更倾向于体验到更加积极的情感,行动更加稳妥,更加聚焦于外界的奖励和机会(Galinsky et al., 2003)。相反地,低权力个体则会激活抑制式行为系统。低权力的个体只能获得有限的物质、社会和文化资源,更容易暴露在社会威胁和惩罚中,因此会导致更加消极的情感,更加关注惩罚和威胁,而且对于他人的评价和约束更为敏感(Yoon and Farmer,2018)。

很多学者也通过实证研究验证了权力接近抑制理论。比如,Anderson and Berdahl(2002)发现,当实验对象有更强势的性格或者能支配更多资源时,会对自己所拥有的权力有更高程度的感知,从而更倾向于表达真实的态度,体验到更加积极的情绪,对奖励有更乐观的期望。Briñol et al.(2007)认为,权力可以激活个体的接近式行为系统,使个体更加自信。Anderson and Galinsky(2006)研究表明,权力使得个体对于可能遇到的风险有更加乐观的估计,从而增加个体承担风险的可能性。

3.2.2　权力的情境聚焦理论

虽然权力接近抑制理论为权力的研究提供了有力的理论基础,但关于权力究竟对个体认知、态度和行为有何影响,已有研究也并未得出一致性的结论。比如,一方面,权力能够使得个体具有更高的人际敏感性,更加准确地评估他人(Schmid Mast,Jonas,and Hall,2009),愿意向员工授权(Haselhuhn et al.,2017),甚至会为了组织和团队牺牲自我利益(Hoogervorst et al.,2012);另一方面,权力也可能引起腐败(Bendahan et al.,2015),阻碍主管授权(Stewart et al.,2017),甚至使得主管将自己的利益置于团队利益之上(Maner and Mead,2010)。

为了解释权力对个体行为作用的不一致性,Guinote(2007)提出了权力的情境聚焦理论(situated focus theory of power),认为权力在不同的情境下会产生不同的作用,个体会采用自主性还是控制性的认知方式,更多取决于具体情境。具体来说,权力不仅仅会改善个体的某些认知,比如对奖励的偏好,权力具有更加广泛和中立性的作用,会影响个体的基本认知过程,使个体的信息处理过程变得更有选择性和灵活性。根据情境聚焦理论,权力通过增强认知处理过程的灵活性和选择性,有助于个体将注意力、推理和行为与当前情境中的基本需求保持一致。首先,权力能够提高个体认知和行为的灵活性,有利于权力持有者在不同情境中更灵活地处理与初始因素(包括需要、期望、目标)有关的信息,从而提高了权力持有者对情境需求的适应能力,使其在不同的情境中呈现出更多的行为变化(段锦云、卢志巍、沈彦晗,2015)。由于权力为个体带来更多的资源和控制权,权力持有者能够更加自由地按照自己的意愿行事而受到更少的束缚。这有利于他们有选择地专注在与满足情境基本需求有关的信息上,抑制不相关的和次要的信息,并且利用权力优先处理更重要的信息,为了实现目标的时机出现而做好准备(Guinote,2007,2010)。相反地,缺乏权力的个体会受到更多的束缚。为了增加自己对环境的掌控力,他们不得不追求多个目标,关注所有的信息来源。而且在处理大量而又宽泛的,甚至与工作目标无关的信息时,相比权力持有者,权力较少的个体往往不能很好地对信息的优先级进行区分,也不能为达成目标做好准备,并且常常做出与工作目标无关的举动(Guinote,2007)。

学者们在实证研究中也对情境聚焦理论进行了应用和验证。比如Slabu and Guinote(2010)发现,在为实现目标而努力的过程中,权力持有者表现出更多与目标相关的行为,并在目标实现后立即减少相应的行为;而权力较低的个体在追求目标的过程中表现出较少的与目标相关的行为,并且在目标实现前后无显著变化。类似地,Min and Kim(2013)研究表明,在对照组,高权力个体比低权力个体表现出对信息更少的关注,也更不容易接受信息。然而,在特定的目标情境中,权力持有者能够更好地处理与目标相关的信息。

总之,权力接近抑制理论和情境聚焦理论都对我们理解权力的作用做出了贡献。权力接近抑制理论主要有助于理解拥有权力的个体如何行动以及追求何种目标,而情境聚焦理论有助于理解权力持有者对目标的聚焦,以及对情境的适应性。

3.3　创新团队的权力基础

虽然权力接近抑制理论并不考虑权力的来源对个体态度、认知和行为的影响,但 Keltner et al.(2003)也指出,权力来源于个体能够支配的多种资源,既可以是物质资源,比如食物、金钱和工作机会等,也可以是社交资源,比如知识、情感、友谊和决策制定机会等。为了检验个体究竟基于何种资源来施加影响力,French and Raven(1959)针对组织中的主管和下属之间的关系,提出了组织中的五种权力来源,即法定权力、奖励权力、惩罚权力、专家权力以及参照权力。法定权力是指主管可以通过合法的权力来影响下属,并且下属认为自己有义务接受这种影响力。法定权来自组织所赋予的威权,通常是一种正式的权力。分配和安排工作任务等都可看作是法定权的表现(Atwater and Yammarino,1996)。奖励权是指个体通过满足他人的需求而影响别人的行为。奖励既可以是物质的,比如加薪或者奖金,也可以是非物质的,比如晋升、更合心意的工作安排、更好的工作条件、表扬和认可等。只要员工有其所重视的奖励,并且自己的行为与奖励相关,那么领导就可以通过奖励权来影响员工的行为。惩罚权是指个体通过惩罚或者造成惩罚的威胁来影响他人行为的能力。比如,员工可能是出于害怕或者惩罚的威胁才对领导言听计从。组织中的惩罚通常包括责难、不合心意的工作安排、隐瞒重要信息、降职甚至解雇,而组织也通常会对领导的惩罚权有明确的规定,以防止领导权力的滥用。专家权是指个体通过被认可的专业知识、技能或能力来影响他人行为的能力。在组织中,即使较低层级的个体也可能拥有专家权。但是专家权存在知识边界,也就是说,只在个体所擅长的专家领域,专家权才能发挥作用。参照权是个体通过获得他人喜欢、钦慕和敬重来影响别人行为的能力。比如组织中拥有良好声誉、有人格魅力的领导往往能对下属产生巨大的影响(Tosi, Misangyi, and Fanelli, 2004),即使下属对工作任务不满意,也会在领导的要求下主动承担责任并努力完成。

除了French and Raven(1959)的研究之外,Bass(1960)还将组织中主管的权力来源分为职位权力和个人权力。这两种分类方式互相并不排斥,实际上,法定权、奖励权和惩罚权被认为是职位权,也就是来源于个体在组织中的正式职位;参照权和专家权则属于个人权力,源于个体的个人特质(Atwater and Yammarino, 1996; Yukl and Falbe, 1991)。学者们也试图识别其他权力来源,比如,信息权和魅力权(Yukl and Falbe, 1991)。

但总体上,French and Raven(1959)和 Bass(1960)所提出的权力基础得到了一致认同,被用来研究不同权力来源与领导行为之间的关系,以及下属对不同权力基础的回应。比如,Martin and Hunt(1980)以州立高速公路局的施工部门和设计部门为研究对象,发现在施工部门中,领导的专家权、参照权和法定权影响其对下属的倡导行为和关怀行为;在工作流程标准化的设计部门中,领导的专家权发挥着重要作用,影响其对下属的倡导行为和关怀行为。Atwater and Yammarino(1996)研究发现,专家权和参照权与变革型领导行为有相关关系。Yoon and Farmer(2018)则证明个人权力促进个体的利他行为,而职位权力则可能引起个体的无礼行为。Erkutlu and Chafra(2006)提出,领导的职位权力会增加下属的工作压力,而个人权力则会缓解下属的工作压力。类似地,Randolph and Kemery(2011)发现领导的奖励权、专家权和参照权对下属的心理授权有正向影响,而领导的惩罚权和法定权则对下属的心理授权有负向影响。

根据上述理论,在创新团队中,垂直领导同时拥有职位权力(法定权、奖励权和惩罚权)和个人权力(专家权和参照权)。职位权力是来源于组织委任的正式权力,属于垂直领导特有的权力基础。另一方面,创新团队垂直领导的作用往往是营造支持性的工作环境,而非指导团队成员的工作(Thamhain,2009;Yoshida et al.,2014),因此创新团队垂直领导未必会通过专家权力影响团队成员。由于创新团队特殊的任务和成员特征,垂直领导未必比其他成员拥有更大的专家权力。对团队成员来说,虽然可能在共享领导过程中参与和承担领导职责,但本研究认为,共享领导是非正式的领导力,因此,创新团队成员不具备职位权力,而是更有可能体验到个人权力,包括专家权和参照权。其中,专家权发挥至关重要的作用。在创新团队工作环境中,专业知识和技能是实现创新的基础(Amabile,1988)。在技术要求复杂和专门化的组织中,垂直领导未必具备实现创新任务所需的所有知识和技能,而处于组织低层级的员工,却可能因其拥有专家权而参与高层的决策制定中(Pearce and Manz,2005)。不仅如此,专家权对领导力的涌现也至关重要。Lord(1977)指出,权力与领导力是彼此独立的变量,而专家权是预测领导力最重要的权力基础。下属在评价主管领导力时,往往取决于领导所表现出的专家权。Magpili and Pazos (2018)在讨论自我管理团队中的涌现型领导时也指出,专业技能、管理技能以及团队协作技能等都有利于团队成员承担领导力角色,并更有可能使用专家权来影响团队,获得其他团队成员的尊重和支持。综上所述,本研究一方面聚焦创新团队垂直领导特有的职位权力感,检验职位权力感对垂直领导授权行为的影响,以及专家权力感对这一关系的调节作用;另一方面聚焦对创新团队成员领导力涌现至关重要的专家权力感,检验专家权力感对成员主动担责行为的影响,以及参照权力感对这一关系的调节作用。

3.4 创新团队垂直领导权力感的影响及其作用机制

3.4.1 创新团队垂直领导权力感与其授权行为

学者们对授权的研究可以追溯到 20 世纪 90 年代早期关于员工参与的理论,从组织开始意识到个体有权力针对自己的工作自主制定决策开始,授权的研究得到迅速发展(Mathieu, Gilson, and Ruddy, 2006)。随着组织的扁平化以及团队概念的普及,学者和实业界都对授权越来越重视,认为授权可以带来更有创造力、幸福感和更高效的员工(Arnold et al., 2000; Sharma and Kirkman, 2015)。对于授权的概念,已有文献存在两种解释。一种是基于工作设计理论,将授权看作是一系列授予员工威权和责任的举措,强调通过工作设计将领导职责向团队成员转移(Mathieu et al., 2006)。在这种情况下,授权更多地被看作是授责,可以被解释为领导与下属分享权责的过程,是将权力和威权委派给下属,甚至大量研究都将授权等同于参与式管理(Sharma and Kirkman, 2015; Yukl and Fu, 1999)。但也有学者指出,与授责不同,授权对员工的影响不仅仅是将威权和组织正式权力委派或授予员工,授权还包括对员工的赋能,通过创造条件提升员工的自我效能感来激活员工,增强员工完成任务和实现目标的动机(Conger and Kanungo, 1988)。这与看待授权的第二种观点相一致,强调员工对授权的心理感知,并且认为员工的心理授权应该包括工作意义感、胜任、自主性以及影响力四个维度。与以往研究一致(Ahearne, Mathieu, and Rapp, 2005; Arnold et al., 2000; Zhang and Bartol, 2010),本研究认为领导授权行为涉及领导与下属分享权力的过程,允许员工自主决策,灵活地处理自己的工作,并且为增强员工自我效能感和对工作的控制感创造条件、排除障碍。具体来讲,领导授权行为应该致力于提升员工的心理授权感,包括强调员工工作的意义、给员工提供参与决策的机会、表达对高绩效的信心以及帮助员工摆脱行政官僚的束缚。

领导授权的必要性,以及授权对组织和员工的积极作用,已经得到学术界和实业界的广泛认可。然而,领导并非总是愿意与下属分享权力,甚至有研究表明,领导可能会抗拒来自组织和员工对于授权的要求(Stewart et al., 2017)。其中,最重要的原因在于授权具有成本和风险性。在传统的等级体系中,权力的集中为领导带来了资源、地位和影响力,而在向扁平化的组织权力结构转变中,领导需要将权力在自己和团队成员之间重新分配,这本身就格外困难(Beersma et al., 2009)。不仅如此,这一角色的转换还需要领导改变惯有的领导行为,采取新的思维和行事方式,可能引起领导的抵触(Baard, Rench, and Kozlowski, 2014)。另一方面,授权还有一定的风险性。虽然得到授权的团队在工作中有很大的自主性,但若是未能按时保质完成工作任务,甚至是完成任务失败,导致了组织的利益损失,那么团队领导也同样需要承担责任(刘文兴、廖建桥、黄诗华,2012)。特别是在创新团队中,团队任务和结果都具有很大的不确定性,垂直领导授权就会面临更大的失败风险。而且,创新团队垂直领导在组织中往往只是处于组织结构的中层甚至更低层,若是任务失败,还要面对来自上级领导的压力甚至惩罚。因此,创新团队垂直领导授权需要冒更大的风险。

基于权力接近抑制理论和情境聚焦理论,本研究认为,创新团队垂直领导对自己职位权力的感知影响其授权行为。正如前文所述,领导是否选择授权,在很大程度上取决于他是否愿意承担授权的风险(Spreitzer and Mishra, 1999)。职位权力来源于组织的正式职位,当创新团队垂直领导对职位权力有较高程度的感知时,会认为自己的权力具有合法性和稳定性,会对自己在创新团队中保持领导地位有较强的信心和安全感,从而更有可能激活接近式行为系统(Anderson and Brion,2014;Keltner et al.,2003)。因此,职位权力感较高的垂直领导在面对授权的风险时,会更关注其中的机会,并且对可能获得的回报抱有更加乐观的态度,甚至可能忽略风险本身,从而更愿意承受授权的风险,做出冒险的行为(Anderson and Galinsky,2006)。比如,Georgesen and Harris(2006)研究表明,权力感较高的个体会将下属的成就归功为自己卓越的领导力,从而鼓励下属主动承担责任和自主完成工作。相反地,若是领导的职位权力感较低,会认为自己的权力处于不稳定的状态,这种权力感的缺失会激活抑制式行为系统,使得领导容易产生较强的威胁感。正如 Aime et al.(2014)所说,领导可能会将授权看作是对他们所处地位的威胁,从而试图约束这种权力表达的转移。因此,创新团队垂直领导可能会为了维护自己的地位而产生攻击性和支配性,将精力和资源分配给有利于维持权力的活动,而不是有利于团队的活动,甚至可能因员工持有竞争性的目标而试图削弱员工的影响力,降低向下属授权的可能性(Fast and Chen,2009;Karremans and Smith,2010)。不仅如此,这种不安全感和威胁感会让垂直领导更加容易产生较大的工作压力,想要快速解决问题,从而影响到自己的授权行为(Hakimi,Van Knippenberg,and Giessner,2010;张文慧、王辉,2009)。

除此之外,当创新团队成员参与团队决策时,接近式行为系统的激活会使得职位权力感较高的领导更加关注成员所提出的观点中积极的一面,以及可能带来的积极结果,从而更有可能接受提议,使成员真正体验到心理授权;而抑制式行为系统的激活会使得职位权力感较低的领导更加关注消极的一面,而拒绝创新团队成员的提议,削弱成员的心理授权感(Mourali and Nagpal,2013)。不仅如此,已有研究指出,权力感与个体的基本需求包括对生活的掌控感紧密相关(Fast et al.,2009)。由于授权往往意味着对权力和控制感的舍弃,职位权力感低的领导为了满足这一基本需求,有更强的动机来掌控环境,以缓解在创新团队中缺乏权力和影响力的危机感。这种对掌控感的渴望可能表现为维护决策制定的权威,而拒绝团队成员的自我决策和参与其他决策(Haselhuhn et al., 2017)。

另外,创新团队垂直领导的目标是带领团队完成创新任务,而这一目标的实现要求创新团队垂直领导适应创新团队情境,响应来自组织自上而下以及团队自下而上的对授权的要求。因此,创新团队垂直领导对目标的认同和对创新团队情境要求的适应,也会对其授权行为产生重要影响。根据情境聚焦理论,权力会让个体更加专注于目标,并为了实现目标而调整自己的行为(Guinote,2007,2010)。在创新团队中,职位权力感有利于垂直领导对自己所处职位的认知,以及对组织赋予自己的正式角色和权力的认同。当创新团队垂直领导明确以及认同自己的领导角色时,不仅会将自己置身于这一职位,而且会将角色特征融合到自我的概念中,聚焦于完成创新团队任务的目标,调整自己的行为来满足领导这一职位的要求和期望(Ashforth,2001)。因此,职位权力感较高的创新团队垂直领导,会更加注重对团队长期利益和愿景的考虑,而不是专注在团队事务的细枝末节,会更加认同组织对于创新团队领导授权的期望,愿意放手让员工自主工作。另一方面,较低的职位权力感可能会削弱垂直领导对这一职位的认同,从而影响其对创新团队目标的认同,也无法调整自己的行为以适应创新团队情境中对领导授权的要求,也不关心员工的成长,而是受到无关信息的影响,无法优先专注在最重要的领导职责和行为上,从而影响团队成员对垂直领导授权行为的感知。综上所述,本研究提出以下假设:

假设 1:创新团队垂直领导职位权力感正向影响领导授权行为。

根据权力基础理论,创新团队垂直领导的五种权力来源虽然是相互独立的概念,但紧密相关,垂直领导也往往同时感知到自己拥有多种权力,甚至是全部的五种权力(French and Raven,1959;Randolph and Kemery,2011)。本研究认为,除了职位权力感之外,创新团队垂直领导对自己专家权的感知也对其授权行为有重要作用,当专家权力感较高的时候,职位权力感高的领导更可能向团队和团队成员授权。

相比于传统的工作团队,自主性要求较高的创新团队对领导的素质、洞察力和技能都提出了更高的要求,带来更大的挑战和压力(Langfred and Rockmann，2016）。在创新团队中，不仅团队任务具有较高程度的专业性和复杂性，而且团队成员也往往是知识型员工，拥有不同的专业知识和技能。另一方面，垂直领导不太可能掌握完成创新任务需要所有的知识和技能，而且创新团队中垂直领导的重要任务是营造自主性和支持性的工作环境，以发挥创新团队成员的潜能和影响力。但是，当创新团队垂直领导具有较高水平的专业知识和技能时，能够更好地维持其在团队中的领导力和影响力，是对职位权力的重要补充（Surakka，2008）。Lord（1977）也曾指出，拥有专家权的个体往往被感知为领导。因此，在创新团队中，专家权力感较高的垂直领导能够进一步增强自己的信心和安全感，认为自己能够胜任领导职位，并履行创新团队垂直领导授权的职责。

另外，由于授权不仅包括授责，还需要对团队成员赋能。也就是说，领导授权还需要帮助团队和团队成员发展技能，以及提供指导以实现高绩效（Konczak，Stelly，and Trusty，2000）。不恰当的授权行为无法真正地提升团队成员对授权的心理感知。比如，Stewart et al.（2017）的研究发现，领导无效授权不仅仅体现在不愿意与团队成员分享权力和职责，还可能表现为草率地向下属分配大量琐碎的工作，造成团队成员工作过载而不能高质量地完成工作，甚至可能会削弱团队成员的自我效能感。由此，有效的授权要求领导具备相应的能力和素质，积极参与团队的日常活动中，充分了解和发挥团队成员的长处，引导团队成员投入自主工作中。当创新团队垂直领导具有较高的专家权力感时，表明领导认为自己的专业技能足够指导和协助团队成员完成任务，有助于职位权力感较高的垂直领导更加有效地授权。比如，在授权创新团队成员自主工作时，专家权力感高的垂直领导更有可能向他们表达实现目标的信心，使团队成员更加有效地感受到领导授权；在创新团队成员参与团队决策时，通过专家权来影响员工，协助团队高质量制定决策，完成工作任务，而不是袖手旁观，造成团队成员工作过载等负面影响。总之，创新团队垂直领导专家权力感是职位权力感的重要补充，而且可使职位权力感较高的垂直领导的授权行为更加有效。因此，本研究提出以下假设：

假设 2：创新团队垂直领导专家权力感调节垂直领导职位权力感对其授权行为的作用。当专家权力感高时，职位权力感对领导授权行为的正向作用更强。

3.4.2　创新团队垂直领导授权行为与团队共享领导

正如前文所述，团队共享领导并不是垂直领导的替代，共享领导的涌现并不代表团队没有垂直领导，或者不再需要垂直领导。相反，垂直领导对共享领导的形成具有重要作用（Grille et al.，2015）。大量共享领导的研究中都同时包含了垂直领导和共享领导，并且检验了垂直领导的行为如何促进团队共享领导（Carson et al.，2007；Fausing et al.，2015；顾琴轩、张冰钦，2017）。垂直领导通常代表着自上而下的等级的影响力，团队领导与成员在地位上彼此并不平等，并且造成团队成员在工作中的自主权受到限制。由于共享领导依赖于团队成员履行领导职责和发挥影响力，因此垂直领导必须承担起促进成员主动承担领导力的责任。如果垂直领导继续秉承传统的等级化和控制性的领导方式，将领导力职责都保留在自己手中，那么团队成员就没有权力来发挥自主性以彼此领导，共享领导也就不太可能出现。也就是说，授权是创新团队中共享领导形成所需要的先决条件（Hoch，2013）。Pearce and Manz（2005）甚至在研究中指出，共享领导可以看作是团队中的一种完全的、彻底的授权。因此，本研究认为，创新团队垂直领导的授权行为能够有效促进共享领导的形成。

领导授权行为包括授责和赋能，既要与员工分享权力，为员工提供自主决策权，又要表达对员工高绩效的信心，为员工排除障碍，鼓励员工设定目标、承担责任以及彼此协同合作（Conger and Kanungo，1988；Mathieu et al.，2006；蒿坡等，2014）。首先，相比指挥和控制团队成员，领导通过授权将权力、责任和领导力转移到团队其他成员中，强调和鼓励创新团队成员的自我影响和自我领导过程，学者们称之为"领导他人实现自我领导"（Manz and Sims，1991）。因此，当团队成员感知到垂直领导鼓励团队协作和共享领导等方面的授权行为,更有可能受到激励,从而主动提供以及接受彼此的领导行为。已有研究也发现,为团队成员提供参与团队决策、目标制定和建言的机会均对共享领导的形成有积极的影响(Carson et al., 2007; Pearce and Sims, 2002)。共享领导可以看作是员工的角色外行为,超越了团队成员的工作职责范围,因此对授权的感知有助于团队成员参与共享领导中(Grille et al., 2015)。其次,通过培养团队成员,领导授权行为能够增强团队成员的自我效能感,提升员工自我管理的能力,进而在团队整体上表现为团队成员之间的相互领导。不仅如此,领导授权行为还可以促进团队成员对工作意义和重要性的感知,从而更好地投入团队任务中,为了实现团队目标付出努力,彼此影响,互相领导(Ahearne et al., 2005; Hoch, 2013)。

另外,作为工作场所中重要的信息来源,垂直领导为团队成员树立榜样,而且在与团队成员互动的过程中,垂直领导的行为会影响团队成员对工作环境的感知和诠释,从而塑造团队成员的行为(Chiu et al., 2016; Salancik and Pfeffer, 1978)。授权型领导将错误看作是学习的机会,并且在与团队成员交流中注重聆听和询问,而不是简单地向下属发号施令和提供解决方案。因此,团队成员受到垂直领导行为的影响,也会在团队工作中尊重和欣赏彼此的专长,互相学习,从而更加愿意接受其他成员的影响力,促进共享领导的形成。不仅如此,授权型领导能够塑造一种自主性的工作环境和氛围,也会对团队成员的行为产生影响,使其更加愿意参与共享和承担领导力职责的过程中(蒿坡等,2014)。

已有研究中也直接或间接地强调了授权领导对共享领导的积极作用。比如,Houghton, Neck, and Manz(2003)强调了超级领导通过授权和培育团队成员来促进和支持共享领导。Pearce et al.(2008)指出高管团队中授权型CEO对团队共享领导的形成至关重要。Fausing et al.(2015)的研究则发现了授权型领导能够促进知识型团队中共享领导的形成。综上所述,与以往研究一致,本书提出创新团队中垂直领导可以通过促进团队合作,鼓励团队成员共享领导力职责等授权行为直接影响共享领导的形成,或者通过促进团队成员自我领导能力的形成以及自我效能的提升等授权行为间接促进共享领导的形成。特别是在创新团队中,团队成员对自主性和自我成长都有较高的要求(Holman et al.,2012;Pearce and Manz,2005),领导的授权行为更加符合创新团队对领导的要求和典范性知觉的假设,因此会对创新团队成员的行为产生更大的影响(Grille et al.,2015)。因此,本研究提出以下假设:

假设 3:创新团队垂直领导授权行为正向影响共享领导。

值得注意的是,本研究中垂直领导权力感是领导自己的感知,而共享领导是团队成员的集体行为,两者之间很难有直接的关系,由此,本研究所构建的理论模型阐述了创新团队垂直领导权力感通过领导授权行为对团队共享领导的间接作用,而不是领导授权行为的中介作用。具体来说,垂直领导的职位权力感能够激活其接近式行为系统,更加关注授权行为所带来的奖励,而且对自己的地位和能力更有安全感,从而愿意帮助团队成员自主和高质量地完成工作;领导的授权行为一方面为团队成员提供承担领导力职责的机会,另一方面提高团队成员发挥影响力的能力,最终促进共享领导的形成。已有研究中已经强调了领导的权力感对其行为的影响(Haselhuhn et al.,2017;Schmid Mast et al.,2009),也认为授权型领导对共享领导有积极的作用(Hoch,2013;蒿坡等,2014)。综上所述,本研究提出以下假设:

假设 4:创新团队垂直领导职位权力感对团队共享领导有间接作用,垂直领导职位权力感作用于领导授权行为,领导授权行为进一步促进共享领导的产生。

3.4.3　团队权力距离倾向的调节作用

尽管已有研究大多认可领导授权的积极作用,但仍有学者得出了不一致的结论。比如,Cheong et al.(2016)通过对韩国 226 位员工的调查研究发现,授权型领导对员工的角色内行为并没有显著的直接作用。类似地,Hao,He,and Long(2018)收集了来自中国的 266 位员工的数据,分析结果表明,授权型领导对员工创造力的直接效用也并不显著。正如 Sharma and Kirkman(2015)所说,授权领导如何以及何时对工作和员工最有效,仍没有得到明确的理论解释。大多数研究仍把领导授权看作是与情境无关的领导行为,而情景因素对于授权的作用效果有非常重要的影响(Lee,Willis,and Tian,2018)。由此,本研究提出,在创新团队中,团队权力距离倾向调节垂直领导授权行为和共享领导之间的关系。

尽管 Hofstede(1980)最初从国家和社会文化的层面提出了权力距离的概念,但已有研究中已经检验了权力距离倾向作为一种文化价值观在个体层以及团队层的作用(Hu et al.,2018)。学者们认为,工作团队都会形成彼此不同的价值观,并对团队成员的行为产生影响。团队权力距离倾向是指团队成员共享的对不平等的权力分布的接受程度,以及对尊重和顺从领导指令的偏好程度(Hu et al.,2018)。也许团队中的各位成员的权力距离倾向在一开始并不完全相同,在团队的互动过程中,团队成员的权力距离价值观可能会趋同,并被团队成员所共享,当足够的成员都持有类似的价值观时,团队权力距离倾向就可以看作是当前团队的团队特征(Yang,Mossholder,and Peng,2007)。

本质上,权力距离代表了对组织等级的尊重。当团队权力距离倾向较高时,团队成员认为地位和等级差异是组织固有的,表现为对威权和组织规则的服从(Zhang and Begley,2011)。尽管创新团队成员认为一定的自主权有利于自己完成工作任务,但是较高的权力距离倾向使得团队成员认为应该由领导而不是团队成员来制定决策,因为这与他们的价值观不相符(Newman and Nollen,1996)。在这种情况下,团队成员会期望垂直领导更加强势,承担领导责任以及给出明确的指令。假如领导与团队成员分享权力,鼓励团队成员自主工作,参与团队决策,或者提出意见,团队成员反而会感觉不适(Hu et al.,2018)。因此,团队成员习惯于顺从于垂直领导,或者期待垂直领导解决自己和其他团队成员的问题,即使领导对团队成员授权,团队成员也不会积极地承担领导力职责,彼此之间不会互相影响。相反地,如果团队权力距离倾向较低,那么大多数团队成员会渴望更多的权力共享,特别是创新团队中,团队成员的工作更需要较高的自主性。此时,领导授权行为与团队成员的期望相匹配,团队成员会更加愿意接受领导的授权,承担起领导力职责,发挥自己的影响力。不仅如此,较高的团队权力距离倾向往往使得团队成员认可垂直领导的优越性,认为自己的能力不足够参与共享领导力职责的过程中(Hiller et al.,2006),所以可能会将领导对高绩效的信心归因于领导对自身能力的肯定,削弱领导授权行为对自己心理授权的作用,并最终影响共享领导的形成。

除了对垂直领导和团队成员之间的互动产生影响,团队权力距离倾向对创新团队内部过程的影响也会影响领导授权行为的有效性。由于工作年限、辈分、职业等级甚至性别等因素的影响,团队内部也可能存在地位上的差别。因此,当团队权力倾向较高时,即使创新团队垂直领导愿意授权,权力最终可能集中在少数团队成员手中,团队内部地位相对较低的成员就不太可能发挥自己的影响力,阻碍团队共享领导的形成。相反地,在低权力距离倾向的创新团队中,团队成员在与其他成员互动时,不会顾虑团队成员彼此地位的差别,这有助于提升所有团队成员参与团队共享领导过程中的安全感,共同承担领导力职责(Zhang and Begley,2011)。综上所述,本研究认为团队权力距离倾向是影响领导力授权的重要情境因素。这与以往研究相一致,比如 Newman and Nollen(1996)的研究表明,组织文化和组织实践之间的匹配非常重要,授权和员工参与在近权力距离的文化中会对组织绩效有促进作用,而在远权力距离的文化中则不然。Zhang and Begley(2011)也检验了权力距离倾向对授权和团队参与之间关系的调节作用。因此,本研究提出以下假设:

假设 5:团队权力距离倾向调节创新团队垂直领导授权行为与共享领导之间的关系。当团队权力距离倾向较低时,领导授权行为对共享领导的正向作用更强。

3.5　创新团队成员权力感的影响及其作用机制

3.5.1　创新团队成员权力感与其主动担责行为

主动担责行为是指员工在工作团队以及组织中,在关于如何执行工作方面为了促进有效变革而自愿付出的建设性的努力（Morrison and Phelps，1999）。本质上来说，主动担责行为是变革导向的，目的是改进工作方式，属于角色外行为的形式之一。因此，在如今快速变化的组织环境中，主动担责对增强创新团队有效性，促进组织和个体的成功来说都至关重要（Kim and Liu，2017；Kim，Liu，and Diefendorff，2015；Li et al.，2015）。总体来说，主动担责行为具有三个特征（Kim and Liu，2017；Morrison and Phelps，1999）。首先，主动担责是员工的自愿行为。也就是说，主动担责是一种自主性和自发性的角色外行为，而不是出于组织的正式要求。其次，主动担责是变革导向的，而且是具有建设性的行为。主动担责行为的动机是为了提升个体、团队和组织的绩效而改进工作方式。这并不意味着当前的工作流程或内容是不合适的或者有纰漏的，主动担责不是为了批判，而是实施积极的举措改善现状。最后，主动担责具有挑战性和风险性。与组织公民行为不同，主动担责需要员工为可能出现的后果负责，而变革往往伴随着失败的风险。

Morrison and Phelps(1999)指出，员工决定主动担责主要基于两点：一是对成功可能性的评估；二是对可能后果的评估。据此，已有研究主要从情景因素和个体因素两大方面检验了促进员工主动担责行为的前因，包括高管开放性、团队规则（Morrison and Phelps，1999）、组织公平（Moon et al.，2008）、授权型领导（Li et al.，2015）、自我效能（Morrison and Phelps，1999）、角色宽度自我效能（Li et al.，2015；McAllister et al.，2007）、责任感（Parker and Collins，2010）、成就需求（Moon et al.，2008）和政治技能（胡晓龙、姬方卉，2018）等。本研究认为，在创新团队中，团队成员的专家权力感对其主动担责行为产生影响。

首先，如前文所述，主动担责的目的是带来组织变革，因此具有结果的不确定性和失败的风险性。专家权力感较高的成员对自己利用专业技能来影响团队工作的能力更有信心，对于工作的控制和成功更有把握，会更有勇气承担风险（Li et al.，2015）。而且较高的专家权力感会激活团队成员的接近式行为系统，会更加关注变革所能带来的积极结果，比如因为改进现有工作而获得组织的认可和奖励，从而更可能为了改善工作现状而付出努力(Keltner et al.，2003；Moon et al.，2008)。不仅如此,专家权力感较高的团队成员往往在工作中体验到积极的情绪,这有助于增强成员的精力和注意力,使其对结果有更加乐观的估计,从而促进主动担责行为的产生(Fritz and Sonnentag，2009)。

其次,正如 Morrison and Phelps(1999)所提出的,专家权意味着组织依赖于员工的关键知识或技能,特别是在创新团队中,有利于创新的专业知识和技能是团队成功的基础,专家权较高的员工则拥有更大的自主权。因此,较高的专家权力感除了使创新团队成员对自己带来变革更有信心,还可以减少感知的变革成本和变革阻力,从而有助于主动担责。相比之下,专家权感知较低的团队员工则由于抑制性行为系统的激活,更加关注变革所带来的风险和消极影响,以及可能遇到的阻力,从而不太可能主动担责。

最后,专家权力感较高的创新团队成员为了发挥自己的影响力,会更加注重利用自己的知识和技能,从而将注意力更多地集中于团队的创新目标,能够很好地分辨与目标紧密相关的信息,有助于团队成员利用自己的知识找到改进工作的方法,为了促进团队创新任务的完成而做出主动担责行为(Willis，Guinote，and Rodríguez-Bailón，2010)。而专家权力感较低的创新团队成员为了提高自己的影响力,会广泛地搜集各个方面的信息,容易被无关紧要的信息分散注意力,不能为了团队目标而有效地工作,遇到困难也更容易退缩,从而降低了主动担责行为的可能性。为此,本研究提出以下假设:

假设 6：创新团队成员专家权力感正向影响成员主动担责行为。

虽然专家权力感使得创新团队成员认为自己有能力带来组织变革而主动担责,但毕竟组织中的成功变革往往是极其困难的,会遇到来自组织和领导的众多阻碍(Li et al.，2015；Morrison and Phelps，1999)。因此,对于创新团队成员来说,有能力主动担责可能还不够,还需要他们愿意利用自己的专业知识和技能为促进组织变革而努力(Parker，Bindl，and Strauss，2010)。这在本研究中表现为,专家权力感较高的团队成员如果同时对自己的参照权力感有较高程度的感知,则更可能做出主动担责行为。参照权是指通过别人对自己的认同和喜爱来影响别人的能力(Atwater and Yammarino，1996)。相比专家权，参照权不仅仅局限于工作任务，影响范围更广，而且可以增强专家权本身的影响力。组织中受人喜爱的领导或员工，更有可能使别人接受自己的影响，包括改进工作流程和方法等，即使这些改进可能会给别人造成不便。因此，参照权力感较高的团队成员，会感知到其他成员对自己的喜爱，甚至是尊敬和钦佩，会认为自己若是通过行使专家权推进组织变革时，无须担心来自其他成员的阻力，也无须顾虑主动担责引起的打击和报复，从而在"能做"的基础上更加"愿意去做"(Morrison and Phelps，1999)。类似地，较高的参照权力感也会让团队成员对工作环境有较高的安全感，从而更有可能发挥自己的专家权，为改进工作现状付出建设性的努力(Kim et al.，2015)。相反地，若是团队成员对自己参照权的感知较低，那么他/她会认同自己的可能性较小，会认为即使自己主动担责，也不可能得到其他团队成员的配合，甚至可能因为推进变革，影响到其他成员原有工作而得罪其他团队成员。因此，即使认为自己有能力为改进团队工作做出建设性的努力的团队成员，可能也会为了不进一步削弱自己的参照权力而保留自己的专家权，表现出较少的主动担责行为。综上所述，本研究提出以下假设：

假设7：创新团队成员参照权力感调节成员专家权力感对其主动担责行为的影响。当成员参照权力较高时，专家权力感对主动担责行为的正向作用更强。

3.5.2　创新团队成员主动担责任行为与团队共享领导

在创新团队中，领导力不再仅仅存在于组织等级中的领导职位，所有团队成员都可能参与领导力职责的承担中，在每个成员试图发挥领导力影响其他人的过程中，形成了共享领导(Pearce and Manz，2005)。正如Bligh et al.(2006)在研究中所提出的，团队成员的自我领导有利于团队成员彼此信任并投入团队中，最终促进共享领导的形成。类似地，本研究认为，创新团队成员的主动担责行为对共享领导的构建有重要作用。

共享领导是一种非正式领导力,不是组织规定和要求的角色内行为,因此,共享领导的形成需要团队成员出于内在动机,主动去承担和共享领导力职责,团队成员主动担责行为是出于改进工作的目的,自愿地推进组织或团队中的变革,是共享领导出现的必要条件(Li et al.,2015;Morrison and Phelps,1999)。

首先,主动担责行为可以看作是创新团队成员对领导力职责的主动承担。推动变革被看作是领导的重要职责,很多领导理论比如变革型领导、魅力型领导都强调了变革导向的领导力行为,越来越多的证据也表明变革导向的行为对领导的有效性至关重要(Yukl et al.,2002;Yukl,2012)。尤其是在创新团队中,领导的核心职责就是带领团队完成创新任务、实现创新目标。因此,当创新团队成员为了推动变革而主动担责时,有利于其领导力潜能的发挥,并在团队中表现出领导影响力(Fuller and Marler,2009)。

其次,主动担责行为还促使创新团队成员互相影响。Carson et al.(2007)指出,团队成员变革导向的建设性建言有利于整个团队内部更多地参与团队工作的改进中,从而产生相互影响,可以营造一种所有成员主动为了实现团队目标而互相领导的工作环境。而主动担责行为会起到比建言更大的作用,因为主动担责行为不仅仅是针对现状改进的提议,而是团队成员积极具体的推进变革的行为(Kim et al.,2015)。一方面,在创新团队中,团队任务互依性较强,团队成员的主动担责行为会对其他成员的工作产生重要的影响;另一方面,主动担责的员工不仅会愿意付出额外的建设性努力来提高自己工作的有效性,而且还会为了提高整个工作团队的有效性而从多个方面努力(Kim and Liu,2017)。因此,主动担责行为增强了创新团队成员之间的相互影响。不仅如此,主动担责的团队成员往往认同团队的目标和价值观,更有可能向其他团队成员传达和交流这些想法和信念(Bligh et al.,2006),使得整个团队为了实现团队目标而努力。

最后,主动担责行为还有利于团队成员对彼此领导力的感知。下属对目标对象特征、行为和工作成果的解释决定他们对于领导力的感知

(Lord and Maher，1991)。前文已经提到，主动担责行为符合创新团队中领导力的典范性认知，而且典范性并非只有正式领导才适用，承担领导力职责的团队成员也可视为在发挥领导影响力(Chiu, Balkundi, and Weinberg，2017)。当团队成员认为彼此都在发挥领导力时，对团队整体的共享领导也会有更加积极的认知。

类似于自下而上的个体创造力促进团队创造力的研究(Gong et al.，2013；Chen et al.，2013)，本书认为团队成员平均的主动担责行为对共享领导的形成有正向影响。值得注意的是，虽然主动担责行为契合创新团队对领导力的要求，但创新团队共享领导包括很多其他领导力行为，而且共享领导的产生涉及团队成员之间复杂的以及动态的互动，因此团队成员平均的主动担责行为并不等于团队的共享领导。但是当团队成员都投入主动担责行为中时，会为了改进团队工作方式、实现团队创新目标而努力，参与目标制定和流程改进中，对彼此的工作发挥影响力，在整个团队形成共享领导。因此，本研究提出以下假设：

假设 8：创新团队成员平均主动担责行为正向影响共享领导。

与假设 3 类似，综合假设 5 和假设 6 的讨论，本研究认为创新团队成员的权力感对团队共享领导有间接作用。专家权力感较高的团队成员更有可能出于对自己知识和能力的信心，以及对结果更加乐观的估计，愿意承担风险而做出主动担责行为。而团队成员的主动担责行为进一步增强了团队内部的互相影响和领导，促进了共享领导的形成。因此，本研究提出以下假设：

假设 9：创新团队成员专家权力感对团队共享领导有间接作用，创新团队成员专家权力感作用于团队成员主动担责行为，而当团队成员都参与主动担责行为中时，团队平均主动担责行为进一步促进共享领导的产生。

3.5.3 团队学习导向的调节作用

尽管学者们普遍认可主动担责行为对提高组织和个人有效性的重要

作用,但正如主动性行为并不总是带来积极的结果(Grant,Parker,and Collins,2009)一样,已有的主动担责行为研究中,结论也并不一致。比如,Kim et al.(2015)发现员工主动担责行为对工作绩效有正向作用,而 Kim and Liu(2017)针对来自中国香港的新员工的研究中,主动担责行为对新员工的绩效并没有显著作用。因此,情景因素可能对主动担责行为的效果产生影响。比如,在集体主义程度较高的文化中,主动担责行为可能会被看作是强出风头,而得到来自领导和同事更多的消极评价(Kim and Liu,2017)。因此,理解主动担责行为在何种情况下能带来积极的结果,对于组织充分发挥员工积极性有重要作用。

在创新团队中,团队成员主动担责行为虽然符合对领导力典范性的认知,有利于在团队内部建立领导身份的认同,但领导力不是某个个体所拥有的财产,而是具有关系性,只有在团队成员互动中得到双方的一致认可,才能建立起领导—下属的关系,领导力由此产生(DeRue et al.,2015)。共享领导的形成同样也是建立在团队成员表现自己的领导影响力,同时承认和认可其他成员领导影响力的过程中(DeRue and Ashford,2010;Drescher et al.,2014)。如前文所述,致力于带来变革的主动担责行为可能会受到来自其他团队成员的挑战,因为组织中的员工都倾向于抵制变革(Dent and Goldberg,1999;Kim et al.,2015)。此外,创新团队成员可能由于较高的权力感而愿意付出努力,主动担责。拥有权力的人虽然有能力影响别人的态度和行为,但同时也有能力抵制别人的影响力。为此,本研究认为,团队学习导向有利于创新团队成员认可甚至鼓励其他成员的主动担责行为,从而使得团队成员主动担责发挥影响力的同时,也接受彼此的影响力,促使共享领导的形成。

虽然学习导向是一种相对稳定的个体差异,但是仍会受到环境因素的影响(Kozlowski et al.,2001)。也就是说,团队成员处在同样的工作环境中,会在团队工作和互动的过程中对被强调和奖励的行为形成共同的感知,包括团队对学习的重视程度,从而形成较为趋同的学习导向水平,并表现为团队学习导向,并且在团队决策制定、协作解决问题和团队合作的过程中持续强调学习(Bunderson and Sutcliffe,2003;Gong et al.,

2013)。在学习导向较高的创新团队中,团队成员强调对新知识和新技能的学习,对不确定性环境的掌控,以及对新想法的理解和检验,甚至乐于接受新想法并将新想法融会贯通,从而推进工作(Gully and Phillips,2005)。因此,在面对团队中的主动担责行为时,创新团队成员会以积极的态度面对可能会提高自己工作效率的变革,而不是加以抵制,从而接受其他成员的领导影响力,促使共享领导的形成。其次,当团队学习导向较高时,创新团队成员更加愿意对新想法进行试错,并有较强的适应能力,在面对困难和挑战时选择坚持,愿意付出额外的努力寻找解决方案,并且为了完成团队任务持续努力,不轻易退缩(Porter,Webb,and Gogus,2010)。这使得团队成员更加积极地应对其他成员的主动担责行为,并且协助其他成员一起完善推动组织变革的计划和解决方案,在互动的过程中彼此影响,共同领导团队完成创新任务。最后,在学习导向较高的团队中,创新团队成员渴望对团队任务有完全的、充分的和准确的理解,有利于促进团队成员对信息系统地搜索、交换和处理,也使得团队成员更加愿意向其他人分享自己所获的信息和想法,并利用其他成员的反馈完善自己的想法和方案(Gong et al.,2013)。在这种信息交流、沟通和分享的过程中,其他团队成员会对团队中其他人所提出的改革方案有更好的理解,从而有利于削弱主动担责行为可能遇到的阻力,也更加愿意接受,甚至协助主动担责行为所试图推进的组织变革,使得团队成员发挥的领导影响力得到响应,形成共享领导。相反地,在学习导向较低的创新团队中,团队成员不愿意学习和接受新的想法和解决方案,遇到困难和挑战也更容易放弃,不愿意为了团队任务付出额外的努力,从而更加抵制团队中出现的主动担责行为,认为这种行为会给自己的工作带来不必要的压力,甚至会造成角色过载(Lee et al.,2017)。因此,即使团队成员发挥领导力,主动担责,但这种影响力得不到响应,不被其他成员所接受,也不利于创新团队中共享领导的形成。综上所述,本研究提出以下假设:

假设 10:团队学习导向调节成员平均主动担责行为和共享领导之间的关系,当团队学习导向更高时,成员平均主动担责行为对共享领导的正向作用越强。

3.6　本章小结

本章的目的在于结合权力和共享领导的研究,基于现有理论构建创新团队共享领导形成机制的理论框架并提出相应的理论假设。基于权力接近抑制理论、情境聚焦理论和权力基础理论,本研究提出创新团队垂直领导和成员权力感的重要作用。一方面,创新团队垂直领导的职位权力感促进其授权行为,而且垂直领导的专家权力感能够增强这一作用,领导授权行为最终促进共享领导的形成;另一方面,团队成员的专家权力感对其主动担责行为产生重要作用,而且成员参照权力感调节两者之间的关系,而成员的主动担责行为进一步影响团队中共享领导的形成。不仅如此,本研究进一步提出了创新团队垂直领导和成员行为对共享领导作用的边界条件。具体来说,团队权力距离倾向较低时,创新团队垂直领导授权行为对共享领导的正向作用会被增强,而团队学习导向则有利于增强创新团队成员主动担责行为对共享领导的积极作用。通过对相关理论的阐述和假设的推理,本章为后续的研究设计和数据分析奠定了基础。

第 4 章

创新团队共享领导量表的开发与验证

4.1　创新团队共享领导内涵解析

　　共享领导是一种团队整体现象,是指团队成员之间动态的、持续的互动影响过程。在此过程中,团队所有成员共享领导职能和责任,彼此领导以实现团队目标 (Pearce and Conger, 2003; Hoch and Kozlowski, 2014; Nicolaides et al., 2014)。由于任务的复杂性和不确定性,创新团队需要对外界做出快速、灵活的响应,而不能依赖固定的、例行性的工作流程。因此,创新团队对共享领导有更急切的需求,更需要发挥团队成员的影响力以实现团队创新目标(Pearce and Manz, 2005)。然而,以往研究对共享领导的测量并不适用于创新团队。

　　首先,虽然共享领导是一种新型的领导理论范式,但大多数研究在讨论共享领导时,仍旧沿用传统的领导力理论,比如变革型领导理论(Avolio et al., 2003)和愿景型领导理论(Pearce and Ensley, 2004)等。尽管变革型垂直领导对提高创新团队绩效有积极的作用(Eisenbeiss et al., 2008),但本研究认为创新团队共享领导并不需要与传统等级领导理论保持一致,团队成员不一定与垂直领导承担同样的领导力。团队垂直领导与成员处于组织的不同层级,他们所能发挥的影响力有差别(Morgeson et al., 2010)。因此,尽管创新团队中可能同时存在垂直领导和共享领导,两种领导力在面对创新任务中的问题时所体现出的领导力职能不可一概而论。

其次,职能领导力理论认为具备领导力的角色是以团队的关键需求为导向,以完成一切满足团队需求的工作为主要任务,而领导力就体现在职能行为中,提供必要的职能来满足团队的需求正是领导力的责任(Adair,1986)。在已有的共享领导研究中,学者们指出了团队成员对领导力职能的承担,如建言和问责等(Drescher and Garbers,2016;Hoch and Kozlowski,2014)。但是,这并不意味着领导力代表了一系列特定的最优行为。职能领导力理论认为领导力的职能应该紧密围绕目标和具体情境,注重问题的解决。因此,创新团队共享领导应以创新目标为导向,以解决创新问题、完成创新任务为目的。在创新团队情境中,团队成员在履行共享领导职责时具体反映出哪些领导力职能需进一步具体讨论。

为此,本研究的目的是结合创新团队任务和目标特征,开发和检验适用于创新团队的共享领导量表。为此,本研究遵循 Hinkin(1998)以及罗胜强、姜嬿(2014)所建议的量表开发步骤,首先,基于对已有文献的分析和对创新团队成员的深度访谈,识别创新团队共享领导的结构维度,形成创新团队共享领导的初始量表。其次,通过两个样本的数据,对所开发的初始量表进行预测试,并最终形成具有良好信度、效度的创新团队共享领导量表。

4.2　创新团队共享领导维度结构与条目收集

4.2.1　基于文献的量表条目搜索和归纳

本研究基于创新团队共享领导的概念和内涵,对已有关于创新团队、共享领导和职能领导力文献中与其相关的测量条目进行了整理。首先,本研究在文献回顾的同时整理了共享领导相关研究中的测量量表,其中重点参考了已有文献中测量共享领导职能和行为的条目。除此之外,为了进一步体现创新团队的情境和创新团队中共享领导对创新目标的追求,本研究还检索了团队创新和创新领导相关文献,并选取了 6 篇文献中的量表进一步扩充量表池(见表 4 - 1),力求准确、全面地测量创新团队共享领导。从已有研究中挑选测量条目时,首先,要强调测量条目是否表现出共享领导以完成目标为导向的本质。虽然在创新团队中,成员在工作过程中可能在很多方面都会彼此互动,但那些不是为了完成创新任务而做出的行为,则不属于共享领导的范畴。其次,测量条目要体现出共享领导是个体的主动性行为。不同于管理或者行政职能,领导力并不来自组织的正式要求或者行为规范,而是个体本身的特质。创新团队中的共享领导意味着团队成员主动识别和预测工作过程中的创新需求,并根据具体情况选择最有利于创新目标达成的行为,这种主动性对创新至关重要(Chen et al.,2013)。最终,本研究共收集了18篇文献中的量表和条目,形成创新团队中共享领导量表的初步量表池。

表 4 - 1　量表条目收集参考的文献

文　　献	参　考　量　表
Carmeli, Gelbard, and Gefen(2010)	创新领导
Contractor et al.(2012)	集体领导
Drach-Zahavy and Somech(2001)	促进创新的团队过程
Morgeson et al.(2010)	团队领导
Yukl et al.(2002)	领导行为
Zaccaro, Rittman, and Marks(2001)	团队领导

4.2.2　基于访谈的量表条目整理和归纳

为了更加准确地把握创新团队共享领导的独特内涵和行为,本研究对 22 名来自创新团队的受访者展开深度访谈。在访谈过程中,主要搜集团队成员在工作过程中互相影响来完成团队任务的事件和感受(访谈提纲见本书附录 1)。访谈对象为上海某高校 MBA 学生或笔者通过工作联络到的创新团队成员。所有访谈对象均来自制造行业和 IT 行业,涉及研发团队、技术团队、测试团队等多种类型的创新团队,分布于上海、济南、深圳、苏州、沈阳等城市。访谈对象包括 6 名团队主管和 16 名团队成员,其中,14 人为男性。访谈对象平均工作年限为 6.32 年,所有访谈对象均具有本科或本科以上学历。访谈大部分在被访者工作场所的会议室进行。部分访谈由于地理位置限制,由笔者和访谈对象通过电话进行。访谈时间在半小时到一小时之间,由于本研究采用半开放式访谈,因此在访谈过程中,并不完全按照访谈提纲提问,且视具体情况适当对访谈对象进行追问。在征得被访谈对象的同意后,笔者对所有访谈都进行了录音。

访谈编码是整理访谈内容的重要过程。本书主要运用扎根理论(grounded theory)中的开放式编码方式对访谈资料进行分析。首先,将录音资料转化成文本,以陈述句为单元进行文本分析、整理归类、选择性编码,具体编码过程如表 4-2 所示。编码主要由笔者本人完成,并与领域专家讨论,最终确定由深度访谈资料中获得的测量条目。

表 4-2　访谈编码示例

访谈对象编号	访　谈　文　本	开放性编码	选择性编码
1	……我们都有定期的约会,然后在会上面,我们要厘清所有的状态,就是每个人报告完以后大家一起去评估这个事情,接下来怎么办,所有的信息大家都是在同一时间节点知道,然后统一去评估这个问题,接下来怎么去做,因为没有一个人在这个团队里是专家,没有一个人说他做这个决定就是对的……	1-1　我们要厘清所有的状态,大家统一去评估这个问题,接下来怎么去做 1-2　所有的信息大家都是在同一个时间节点知道	团队成员协同制订工作计划 团队成员共享团队信息
	……这个时候就要去,就是遇到争议的时候,大家就要被叫去讨论讨论了,最后讨论出来一个结果,形成一个会议纪要,如果说事情很简单,也可能会发个邮件,这个也基本上能搞定的……	1-3　遇到争议,团队成员讨论出结果,形成会议纪要	团队成员协商解决工作中出现的问题
2	……前段时间参加那个德国的控制器峰会,完了之后,就有一些技术分享之类的活动,或者说,前段时间某个人解决了某一个比较棘手的技术难题,然后就是有一个分享,不管是技术上的还是就是解决问题的流程,大家都很乐意,也希望别人能够分享,通过分享,能补足自己的不足之处……	2-1　大家都很乐意,也希望别人能够分享,通过分享,能补足自己的不足之处	团队成员鼓励互相学习

访谈对象编号	访 谈 文 本	开放性编码	选择性编码
2	……如果是小问题,就会自己解决。一般在问题比较多的时候,就会希望能够得到别人的指点和建议……	2-2 一般在问题比较多的时候,就会希望能够得到别人的指点和建议	团队成员主动寻求建议
3	……各种新的讨论是非常受鼓励的,就觉得你在用心干这个事情,然后有跟别人不一样的体会和收获,而且你的提议可能帮到别人……	3-1 鼓励新的讨论和帮助别人	团队成员相互鼓励和支持
4	……就是每个人汇报,然后大家协商,看需不需要支持,或者说,谁的工作量略大,然后大家再想办法……	4-1 协商工作量,并想办法解决	团队成员协商工作分配

4.2.3 创新团队共享领导维度分析和量表池形成

通过对文献中收集的条目以及访谈编码得到的条目进行分析,本研究认为,创新团队共享领导包含任务导向共享领导行为和关系导向共享领导行为。与以往研究一致(Fransen et al., 2018; Hiller et al., 2006; Small and Rentsch, 2011),本研究分析发现,在创新团队中,团队成员围绕创新目标从任务导向和关系导向两个方面履行领导力职责以满足团队创新需求。正如 Yukl(2012)所说,有效的领导力应该致力于促进团队中个体的努力以及集体的有效性两个方面。换而言之,领导力行为本质上是:① 任务导向,能够保证成员履行自己的职责;② 关系导向,能够保证成员愿意为了团队目标而付出努力(Behrendt, Matz, and Göritz, 2017)。类似地,West(2012)表示,为了提高团队有效性,团队成员需要同时从团队任务和团队社交环境两个方面进行反思和努力,确保团队聚焦于自身的任务和目标,而且团队成员能够彼此支持,营造积极的团队氛围。这种二维分类已成为几十年来很多领导力理论的根本,而本研究认为在创新团队中,共享领导也应从这两方面来满足团队的创新需求。

1）任务导向共享领导行为

对于任务导向的共享领导力行为来说，其主要目的是保证以高效和可靠的方式完成创新任务，实现团队共同的创新目标（Behrendt et al.，2017；Yukl，2012）。创新团队通常活动在公司的最前线，大多数情况下都是由来自不同专业背景的知识型员工组成，执行复杂性较高的任务，团队成果也具有高度的不确定性。因此，团队成员往往不能依赖于设定好的工作流程，而是不得不一起协商寻找问题的解决方案（Kratzer et al.，2005）。当团队成员投入任务导向的共享领导行为，比如互相监督、反馈和评估时，这有助于团队所有成员不断反思团队目标、战略、流程以及成员彼此的工作，进而有助于对不同观点和替代方案进行探索，最终对团队的创新产生积极影响（Wong，Tjosvold，and Su，2007）。另一方面，团队创新不仅包括创造性想法的产生，还要保证创造性想法得以成功实施。任务导向的共享领导能够引导和监督团队成员顺利实施创新方案，并通过不断反馈和修正保证创新的成功，从而提升团队的创新绩效（Hülsheger，Anderson，and Salgado，2009）。

2）关系导向共享领导行为

关系导向的共享领导行为，其主要目的是提升创新团队中人际关系的质量，改善合作氛围，以保证团队成员投入创新任务的执行中（Yukl，2012）。创新目标的实现依赖团队成员的协作和共同努力。尤其是在创新团队中，由于创新团队持续的周期往往更长，成员也会花费更多时间和精力在团队工作上，使得成员之间的非正式接触更多（Kratzer et al.，2005）。关系导向的共享领导行为，比如相互赞赏、彼此倾听等，有利于形成团队成员间良好的人际关系。一方面，可以促进团队成员对团队的认同，从而为创新目标的实现贡献自己的智慧；另一方面，可以减少不必要的人际分歧和冲突，避免团队成员产生负面情绪，使其专心于创新任务的执行（Hülsheger et al.，2009）。除此之外，创新团队面临的不确定性和不可预测性使得团队成员更有可能遭受挫败或感到沮丧（Sicotte and Langley，2000）。关系导向的共享领导行为包括团队成员之间互相鼓励以应对失败带来的负面情绪，有利于团队积极面对挑战。团队成员之间对持续学习的鼓励和支持也有益于创新团队应对复杂的协作型工作（Kakar，2017）。另外，关系导向的领导行为可以提升团队成员对彼此的接受度，从而乐于交流和听取彼此的观点，提升团队的创新绩效。反之，若得不到其他成员的接受或认可，即使团队成员为团队目标的实现付出了努力，也不能称之为领导力职能（Adair，1986）。因此，关系导向的共享领导行为能够促进团队成员对彼此领导力职能的接受，对共享领导发挥作用以提升团队创新绩效至关重要。

将收集到的测量条目基于创新团队共享领导的 2 个维度进行分类后，笔者在一位组织行为学专家的指导和协助下，对所有条目进行梳理，删除重复的或相近的，以及与创新团队情境不符等不合格的语句，初步形成了创新团队共享领导量表池，包括任务导向共享领导行为和关系导向共享领导行为 2 个维度、28 个条目。

4.2.4　创新团队共享领导初始量表内容效度检验

内容效度分析是为了对量表池中的条目进行内容效度的检验，以保证各个条目的表述和措辞符合调查对象的文化背景和用语习惯，没有晦涩难懂或含义模糊的地方，而且这些条目能够充分并准确地反映创新团队共享领导构念，覆盖测量范围。分析主要分为两部分：一是与领域内的专家针对量表池逐条讨论；二是邀请企业人员以及相关领域研究人员对各条目进行一致性分析，并保留了一致性达到 75% 的条目。

为了对量表池中的条目进行内容效度检验，首先，本研究邀请 5 位组织行为学专业人员（副教授、讲师各 1 位，博士生 3 位），围绕这些条目的翻译准确性、测量可行性以及表述可读性等进行逐条讨论。其中 9 个条目由于内容冗余，或者有跨组歧义等原因被删除，形成了拥有 17 个条目的量表（任务导向维度 9 条，关系导向维度 8 条）。其次，本研究采用评分者一致性的方法来进一步检验内容效度（Hinkin，1998）。另外 14 位与本研究无关的、未参加第一次内容效度检验的人员（3 位企业人员，2 位组织行为学方向的教职人员，6 位组织行为学博士研究生以及 3 位其他方向企

业管理博士研究生)被邀请参与此次检验。具体操作如下:向每位评分者
出示一个表格,列出创新团队共享领导的定义以及 2 个维度的定义,并将
17 个条目随机排列。评分者需要在条目后的空格中勾选出该条目隶属的
维度,在 2 个维度之外还添加"其他"项供评分者选择。在所属维度上有
不少于 75%的选择率的条目即为合格(Hinkin,1998)。其中有 3 个条目
未能通过筛选(见附录 2),最终形成有 14 个条目的初始量表(其中,任务
导向共享领导行为和关系导向共享领导行为各有 7 个条目),如表 4 - 3
所示。

表 4 - 3 创新团队共享领导初始量表

指 标		题 项 内 容
任务导向共享领导行为	T1	团队成员参与制定团队目标
	T2	团队成员协同制订工作计划
	T3	团队成员主动协商改进团队工作流程
	T4	团队成员主动提出新工作方法以提高团队绩效
	T5	团队成员共同识别、诊断及解决所遇到的问题
	T6	团队成员共享有关团队工作的信息
	T7	团队成员互相监督工作质量和进度
关系导向共享领导行为	R1	团队成员相互支持,共担责任
	R2	团队成员鼓励彼此发挥工作主动性
	R3	团队成员互相鼓励不断学习和提升
	R4	团队成员赞赏同事的探索性思考和行为
	R5	团队成员倾听同事的工作诉求并予以帮助
	R6	团队工作遇到挫折时,所有成员相互鼓励
	R7	团队成员主动寻求和获得同事的支持和认可

4.3 创新团队共享领导量表预测试

1) 探索性因子分析

样本一来自某大型连锁零售公司的技术部、设计部等创新团队。共
回收 113 份有效问卷,其中女性被试有 47 人,平均工作年限为 9 年,样本

所在团队平均人数为 12.01 人。年龄方面,25 岁以下的有 4 人,占总人数的 3.5%;25～29 岁的有 34 人,占总人数的 30.1%;30～34 岁的有 49 人,占总人数的 43.4%;35～39 岁的有 19 人,占总人数的 16.8%;40 岁及以上的有 7 人,占总人数的 6.2%。教育程度方面,大专学历的有 29 人,占总人数的 25.7%;本科学历的有 63 人,占总人数的 55.8%;硕士及以上的有 21 人,占总人数的 18.6%。

本研究首先采用 Vista 7.9.1,利用平行分析法来确定 EFA 抽取因子的数量。结果表明,前 2 个特征值比相应的随机样本平均特征值和随机样本 95% 分位特征值大,因此,抽取 2 个因子较为合理。接着,采用 SPSS 22 软件进行探索性因子分析。KMO 检验结果为 0.95,Bartlett 球形检验的卡方值为 $3\,076.21$,df$=91$,$p<0.001$,表明数据适合进行因子分析。随后,采用最大似然法抽取 2 个因子,利用 promax 斜交旋转法进行旋转,因子分析结果如表 4-4 所示,所有条目的因子载荷均超过 0.5,且不存在交叉载荷,两因子累计解释方差变异达 90.59%。进一步的可靠性检验结果表明,14 个条目整体的 Cronbach's α 达到 0.98。任务导向共享领导行为维度为 0.98,关系导向共享领导行为维度为 0.99。由此,初步建立起创新团队共享领导量表。

表 4-4　创新团队共享领导探索性因子分析结果

题　　项		因子 1 任务导向行为	因子 2 关系导向行为
T2	团队成员协同制订工作计划	**1.00**	−0.07
T1	团队成员参与制定团队目标	**1.00**	−0.05
T4	团队成员主动提出新工作方法以提高团队绩效	**0.92**	0.04
T3	团队成员主动协商改进团队工作流程	**0.84**	0.15
T9	团队成员互相监督工作质量和进度	**0.63**	0.36
T7	团队成员共同识别、诊断及解决所遇到的问题	**0.61**	0.36
T8	团队成员共享有关团队工作的信息	**0.60**	0.37
R7	团队工作遇到挫折时,所有成员相互鼓励	−0.03	**0.99**

题　　　项		因子 1 任务导向行为	因子 2 关系导向行为
R6	团队成员倾听同事的工作诉求并予以帮助	0.00	**0.96**
R8	团队成员主动寻求和获得同事的支持和认可	−0.00	**0.95**
R3	团队成员互相鼓励不断学习和提升	0.10	**0.88**
R2	团队成员鼓励彼此发挥工作主动性	0.130	**0.88**
R1	团队成员相互支持,共担责任	0.13	**0.84**
R4	团队成员赞赏同事的探索性思考和行为	0.190	**0.80**

2) 验证性因子分析

为了进一步检验创新团队共享领导 2 个维度的稳定性,本研究针对样本一探索性因子分析得到的 14 个条目进行验证性因子分析。为了评价测量模型的拟合程度,本研究将采用 χ^2/df、RMSEA、CFI、TLI 这些常用的拟合指数,对创新团队共享领导二因子模型和一因子模型进行比较。卡方(χ^2)指数是衡量数据和模型之间适配程度的重要指标,但由于卡方对样本量过于敏感,因此一般采用卡方自由度比(χ^2/df)来衡量模型的拟合指数。当 $\chi^2/\mathrm{df}<3$ 时,表明测量模型具有良好的拟合度。RMSEA 是指近似误差均方根,是比较理论模型和完美匹配的饱和模型形成的指标值,数值越小越理想。一般来说,RMSEA 小于 0.08 时,表明测量模型具有较好的适配度。另外,CFI 和 TLI 都属于比较拟合指数,通常应大于 0.9。

样本二全部来自上海某高校 MBA 学生,被试来自互联网、制造业、医疗、金融等多个行业。经过筛选,来自创新团队的被试有 234 人,其中女性 94 人,年龄的平均区间为 3.2(其中,① 25 岁以下;② 25～29 岁;③ 30～34 岁;④ 35～39 岁;⑤ 40 岁及以上),学历的平均区间为 3.3(其中,① 高中或中专;② 大专;③ 本科;④ 硕士;⑤ 博士),平均工作年限为 10.2,所在团队平均规模为 12.3 人。在对回收的调查问卷进行审核和整理的基础上,将样本随机分成 2 份,其中一份($N=117$)进行验证性因子分析,另外一份($N=117$)用来进行效标关联效度和逻辑网络检验,以进一步保证量表的信效度。

本研究采用 Mplus7.0 对量表进行验证性因子分析,结果如表 4-5 所示,二因子模型具有较好的拟合结果,$\chi^2 = 126.21$, $df = 76$, RMSEA = 0.08, CFI = 0.93, TLI = 0.91,且优于一因子(将任务导向和关系导向共享领导行为合并)模型。由此可见,探索性因子分析所得出的二维结构是可靠且稳定的。

表 4-5 创新团队共享领导验证性因子分析

模型	χ^2	df	χ^2/df	RMSEA	SRMR	CFI	TLI
二因子	126.21	76	1.66	0.08	0.04	0.93	0.91
一因子	143.56	77	1.86	0.09	0.05	0.89	0.88

3) 效标关联效度

效标关联效度分析将选取另外一个经过研究验证的变量作为参考工具,也叫作效标变量。效标变量可以是目标变量的前因、后果或者是类似的构念。本研究选取团队创造力和团队绩效作为创新团队共享领导的效标变量。创新团队共享领导是团队成员主动互相影响以实现团队创新目标的过程。这有利于团队成员之间知识的互补和交流,从而提升团队创造力和团队绩效,而且以往研究也证明了共享领导对团队创造力和团队绩效的积极作用(Gu et al., 2018;Wang et al., 2014)。因此,本研究选取团队创造力和团队绩效作为关联效标,并且认为创新团队共享领导应与团队创造力和团队绩效均正向相关。检验样本来源于样本二。

在进行效标关联效度分析之前,本研究进一步检验创新团队共享领导量表的信度。如表 4-6 所示,创新团队共享领导 2 个维度:任务导向共享领导行为和关系导向共享领导行为的 Cronbach's α 系数分别为 0.921 和 0.938,创新团队共享领导总量表的 Cronbach's α 系数为 0.959,表明创新团队共享领导各维度以及总量表均具有良好的内部一致性。另外,从表 4-6 第"1"列数据中可以看出,每个条目与总量表得分都显著相关,且系数均大于 0.3,说明所有条目都来自同一构念内容域。第"2"列数据表明,在删除该题项后,相应维度的 Cronbach's α 系数变小,说明删除该题项后该维度的内部一致性降低,进一步反映了本研究所开发的创新团队共享领导量表具有良好的信度。

表 4-6　创新团队共享领导信度分析

维　度	题项编号	1	2	3	4
任务导向共享领导行为	T1	0.76**	0.912		
	T2	0.83**	0.903		
	T3	0.79**	0.905		
	T4	0.79**	0.908	0.921	
	T5	0.81**	0.908		
	T6	0.79**	0.913		
	T7	0.77**	0.911		
					0.959
关系导向共享领导行为	R1	0.87**	0.926		
	R2	0.84**	0.911		
	R3	0.84**	0.910		
	R4	0.80**	0.909	0.938	
	R5	0.84**	0.904		
	R6	0.81**	0.906		
	R7	0.78**	0.911		

注:列"1"表示此条目与量表总分的相关性;列"2"表示产出该条目后维度的 Cronbach's α 系数;列"3"为该维度的 Cronbach's α 系数;列"4"为总量表的 Cronbach's α 系数。

接下来,将对创新团队共享领导量表的效标关联效度进行分析。其中,团队创造力采用 Shin and Zhou(2007)的量表,共有 4 个条目,Cronbach's $\alpha=0.93$;团队绩效采用 Gonzalez-Mulé et al.(2014)的量表,共有 4 个条目,Cronbach's $\alpha=0.91$。表 4-7 列出了任务导向共享领导行为、关系导向共享领导行为以及创新团队共享领导与团队创造力和团队绩效的相关性系数,可以看出,创新团队共享领导与团队创造力和团队绩效均正向相关,表明量表的效标关联效度较好。值得注意的是,关系导向共享领导行为与团队创造力和团队绩效的联系比任务导向共享领导行为更加密切。本研究在 SPSS 22 中利用多层次回归分析进一步验证该量表的效标效度。如表 4-8 中模型 2 和模型 5 所示,创新团队共享领导对团队创造力和团队绩效都有显著的正向作用。另外,本研究还采用 Muethel et al.(2012)的共享领导量表(Cronbach's $\alpha=0.91$),比较其与创新团队共享领导量表对团队创造力和团队绩效的预测效果。通过比较表 4-8 中的 R^2 可以看出,本研究所开发的创新团队共享领导量表对团队创造力和团队绩效的预测能力均更强。

表 4-7 创新团队共享领导及其两维度相关系数表

	团队创造力	团队绩效
任务导向共享领导行为	0.66**	0.77**
关系导向共享领导行为	0.69**	0.86**
创新团队共享领导	0.70**	0.85**

注:$N=117$,** $p<0.01$。

表 4-8 创新团队绩效多层回归系数表

变 量	团队创造力			团队绩效		
	模型 1	模型 2	模型 3	模型 4	模型 5	模型 6
性别	0.05	−0.02	0.01	0.07	−0.01	0.02
学历	0.07	0.09	0.19	−0.09	−0.07	0.03
工作年限	0.01	0.01	0.01	0.00	−0.01	−0.01
团队规模	0.00*	0.00	0.00	0.00	0.00	−0.00
团队年限	−0.03	−0.02	−0.02	−0.02	−0.00	−0.00
创新团队共享领导		0.79***			0.87***	
共享领导行为			0.79***			0.81***
F	1.45	19.71***	16.04***	0.53	47.18***	22.79***
R^2	0.06	0.52	0.47	0.02	0.72	0.55
ΔR^2		0.46***	0.41***		0.70***	0.53***

注:$N=117$,* $p<0.05$,*** $p<0.001$。

4.4 创新团队共享领导最终量表

通过上述分析,本研究对初始量表进行了预测试,并形成了创新团队共享领导的最终量表,如表 4-9 所示。该量表包含 2 个维度,共 14 个条目。

表 4-9 创新团队共享领导最终量表

指　标		题　项　内　容
任务导向共享领导行为	T1	团队成员参与制定团队目标
	T2	团队成员协同制订工作计划
	T3	团队成员主动协商改进团队工作流程
	T4	团队成员主动提出新工作方法以提高团队绩效
	T5	团队成员共同识别、诊断及解决所遇到的问题
	T6	团队成员共享有关团队工作的信息
	T7	团队成员互相监督工作质量和进度
关系导向共享领导行为	R1	团队成员相互支持,共担责任
	R2	团队成员鼓励彼此发挥工作主动性
	R3	团队成员互相鼓励不断学习和提升
	R4	团队成员赞赏同事的探索性思考和行为
	R5	团队成员倾听同事的工作诉求并予以帮助
	R6	团队工作遇到挫折时,所有成员相互鼓励
	R7	团队成员主动寻求和获得同事的支持和认可

4.5 本章小结

首先,本章基于对共享领导概念和内涵的归纳总结,结合创新团队情境开发了共享领导量表。本研究认为,团队领导力体现在满足团队需求的职能中,而创新团队的任务特征和目标均不同于传统团队,因此,已有共享领导量表不能很好地体现创新团队共享领导特征,以及创新团队成员为实现团队目标而共享的领导力职责。通过收集已有文献中的相关测量条目,以及对创新团队主管和员工深度访谈资料进行编码,本研究得到了能够反映创新团队共享领导的表述,并通过初步分析,认为创新团队共享领导应该包含任务导向和关系导向 2 个维度。创新团队成员围绕共同的创新目标互相影响,聚焦于创新任务的完成和人际关系的维护而主动履行相应的领导力职能。任务导向领导行为与团队成员具体的创新任务完成过程有关,而关系导向领导行为则涉及团队成员完成创新目标的方式和努力程度。虽然创新团队共享领导与以往共享领导维度结构有相似之处,但本研究在量表开发过程中突出创新团队的情境,强调量表池中的条目能够体现出对团队创新目标的追求。最后,通过内容效度检验对量表池中的题项进行改进,得到了包含 14 个题项的初始量表。

其次,本研究利用 2 个样本的数据对此初始量表进行了预测试。探索性因子分析的结果表明创新团队共享领导量表具有二维结构特征,而且所有条目都不存在因子交叉载荷问题,而验证性因子分析进一步证明了 2 个维度的区分效度。另外,信度分析和效标关联效度分析的结果都表明,创新团队共享领导量表具有良好的信度和效度,能够充分反映创新团队共享领导的内涵和特征,为后续创新团队共享领导形成机制的实证检验提供了有效的测量工具。

第 5 章

创新团队垂直领导权力感对
共享领导的作用机制检验

5.1 创新团队垂直领导权力感对共享领导作用的理论模型

本研究围绕创新团队垂直领导权力感对共享领导的作用机制展开研究。具体来说,首先,本研究检验了创新团队垂直领导职位权力感对其授权行为的影响,以及垂直领导专家权力感对职位权力感和授权行为之间关系的调节作用;其次,本研究检验了创新团队垂直领导授权行为对共享领导的影响以及创新团队垂直领导职位权力感对共享领导的间接作用;最后,本研究检验了团队权力距离倾向对垂直领导授权行为和共享领导之间关系的调节作用。本研究的理论模型如图 5－1所示。

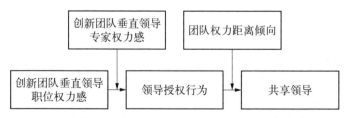

图 5－1 创新团队垂直领导权力感对共享领导的作用机制

5.2 样本和数据收集

本研究的数据来自上海某大型传媒集团有限公司。此公司为国有企业,现有员工 15 000 余人,业务涵盖媒体运营及网络传输、内容制作及版权经营、互联网新媒体、现场演艺、文化旅游及地产、文化金融和视频购物等领域,秉承忠诚、责任、创造、共赢的核心价值观,坚持"内容创新、技术创新、业态创新",该集团始终走在改革创新的浪潮之巅。2019 年开始,该集团更是进入新一轮的改革和调整,整装再出发,展现出"坚定不移将改革进行到底"的决心和雄心。作为课题组受邀为此公司制定的咨询方案的一部分,本研究制定了相应的调查问卷,并委托公司人力资源管理部门将问卷发放到调研对象手中。为保证问卷填写的质量,课题组在交付调查问卷时附有详细的填写说明,并对公司人力资源管理人员进行了培训,以保证问卷填写的匿名性和准确性。同时,在培训的过程中,与人力资源管理人员就创新团队的概念进行了沟通,并在公司人力资源管理人员的协助下,通过对团队任务性质和内容的分析,选定了参与本次调研的创新团队。本研究的调查以套问卷的形式进行。其中,创新团队垂直领导评价自己的权力感,包括领导专家权力感和领导职位权力感;团队成员则对垂直领导的领导授权行为、团队权力距离倾向以及共享领导进行评价。最终笔者有效回收了来自技术部、开发部和制作部等部门的 115 份创新团队套问卷,其中员工问卷为 809 份,平均团队规模为 7.39 人,平均团队成立年限为 4.40 年。

5.3 测量工具

本研究量表均采用李克特(Likert)5 点量表评价法,被调查对象将从1(非常不符合)到5(非常符合)对相关条目进行评价。本研究通过双向背靠背的方法,由一名精通双语的博士生将条目从英文翻译成中文,再请另一位精通双语的博士生将翻译的中文再转换为英文,经过讨论后确定最终的中文量表(Brislin,1980)。

1) 垂直领导专家权力感

领导专家权力感的量表改编自 Hinkin and Schriesheim(1989)的量表,共有 4 个条目。原量表为员工对领导的专家权进行评价,本研究转换条目中的主语,让领导对自己的专家权进行评价,代表性条目有"我能给下属良好的专业建议"和"我有很多经验可以跟下属分享"。

2) 垂直领导职位权力感

领导职位权力感的量表改编自 Hinkin and Schriesheim(1989)的量表,包括法定权、奖励权和惩罚权共 12 个条目。原量表为员工对领导的专家权进行评价,本研究转换条目中的主语,让领导对自己的专家权进行评价,代表性条目有"我可以让下属知道他们需要履行的工作职责""我能为下属提供专门的福利""我为下属布置的任务可以不顺其心意"。

3) 垂直领导授权行为

领导授权行为的量表来源于 Ahearne et al.(2005),包括增强工作意义感、协助决策参与、表达高绩效信心和削弱行政束缚 4 个维度 12 个条目。代表性条目有"帮助我理解我的目标与团队目标的关联性"和"对我能够出色完成任务充满信心"。

4) 团队权力距离倾向

团队权力距离倾向的量表来源于 Earley and Erez(1997),共有 8 个条目。代表性条目有"主管做决策时,通常不必征求下属意见"和"公司高层制定决策后,员工不应置疑"。

5) 创新团队共享领导

创新团队共享领导将采用本书所开发的量表进行测量,包括任务导向和关系导向共享领导行为 2 个维度,共 14 个条目。

6) 控制变量

本研究选取创新团队垂直领导性别、教育程度、工作年限、团队规模和团队成立年限作为控制变量。已有研究发现,团队垂直领导的性别、教育程度和工作年限会影响其行为方式和领导方式（Wang et al.，2013）。另外，Nicolaides et al.(2014)指出，因为共享领导涉及团队成员之间的互动，所以团队规模和团队年限都会对共享领导产生影响。为此，本研究也控制了团队规模和团队成立年限。垂直领导的教育程度分为高中或中专、大专、本科、硕士和博士 5 个选项，工作年限、团队规模和团队成立年限也由创新团队垂直领导进行汇报。

5.4　数据分析结果

1）信度分析

本研究采用 Cronbach's α 系数来检验所采用量表的内部一致性信度。创新团队垂直领导专家权力感、创新团队垂直领导职位权力感、领导授权行为、团队权力距离倾向以及共享领导的 Cronbach's α 系数如表 5-1 所示，分别为 0.84，0.86，0.97，0.94，0.98，均大于 0.7，表明本研究采用的量表均具有良好的信度，满足研究要求。

表 5-1　变量可靠性系数

变　　量	Cronbach's α
创新团队垂直领导专家权力感	0.84
创新团队垂直领导职位权力感	0.86
领导授权行为	0.97
团队权力距离倾向	0.94
共享领导	0.98

2）效度分析

首先，本研究在测量垂直领导专家权力感和职位权力感时，对所引用的量表进行了改编。虽然前文已证明改编后的量表具有良好的信度，本研究进一步对包含 3 个维度的领导职位权力感量表进行内部结构效度的判别。验证性因子分析的结果显示,各项拟合指数均达到或非常接近拟合标准,其中 $\chi^2 = 98.74$,$\chi^2/df = 1.94$,TLI $= 0.88$,CFI $= 0.91$,RMSEA $= 0.090$。考虑到本研究样本只有 115 个团队,并不能完全达到题项数 10 倍的样本容量要求(侯杰泰、温忠麟、成子娟,2004),因此,本研究认为垂直领导职位权力感量表的结构效度基本满足研究需求。

接着,本研究聚焦于团队层面进行理论建构和数据分析。由于领导授权行为,团队权力距离倾向以及共享领导是团队成员根据感知而进行评价,因此,需要对这 3 个变量进行聚合分析。本研究采用 R_{wg} 来判定变量在聚合前的组内一致性(James,Demaree,and Wolf,1984)。数据分析结果表明,领导授权行为、团队距离倾向以及共享领导的 R_{wg} 均值分别为 0.93,0.85,0.96,其组内一致性均满足研究要求。此外,本研究还进一步通过计算各个变量的 ICC(1) 和 ICC(2) 的值,来判别不同团队成员对变量的评分一致性。领导授权行为、团队距离倾向以及共享领导的 ICC(1)值分别为 0.13,0.13,0.13,均满足大于 0.12 的要求;ICC(2)值分别为 0.51,0.52,0.51,考虑本研究中相对较小的团队规模,各个变量的 ICC 值结果表明本研究所采用的量表均具有良好的聚合效度。

其次,为验证 5 个变量的区分效度,本研究将对前文提出的五因子理论模型进行验证性因子分析。侯杰泰等(2004)认为,通过结构方程模型进行验证性因子分析时,样本容量应达到题项总数的 10 倍以上,而本研究的样本仅包含 115 个团队,远达不到要求,这种情况下会导致最高 30% 的估计偏差。为解决这一问题,本研究采用题项打包(item parceling)的方法进行验证性因子分析(Little et al.,2002)。题项打包是指将 2 个或 2 个以上的题项合并(均值或总分)成一个新指标,然后进行验证性因子分析的处理方法。垂直领导职位权力感、领导授权行为和共享领导分别根据变量所包含的维度合并为 3 个、4 个和 2 个题项,而垂直领导专家权力感和团队权力距离倾向则通过 CFA 的因子载荷对题项进行两两合并(最高合并最低,次高合并次低),最终分别得到 2 个和 6 个题项。对题项进行打包后,垂直领导职位权力感、专家权力感、领导授权行为、团队权力距离倾向以及共享领导五因子模型的拟合指数分别为 $\chi^2 = 132.01$,$\chi^2/df =$

1.65,CFI＝0.96,TLI＝0.95,RMSEA＝0.08,TLI 和 CFI 值均大于 0.9,RMSEA 接近于 0.08,说明本研究提出的五因子模型具有良好的区分效度。为进一步验证,本研究还提出 6 个竞争模型,对竞争模型的分析结果如表 5-2 所示。其中,模型 1(垂直领导专家权力感和职位权力感合并为一个因子)的拟合指数为 $\chi^2＝159.10,\chi^2/df＝1.89,CFI＝0.94,TLI＝0.93,RMSEA＝0.09$;模型 2(领导授权行为和团队权力距离倾向合并为一个因子)的拟合指数为 $\chi^2＝470.74,\chi^2/df＝5.60,CFI＝0.71,TLI＝0.64,RMSEA＝0.20$;模型 3(垂直领导专家权力感和职位权力感合并为一个因子,领导授权行为和团队权力距离倾向合并为一个因子)的拟合指数为 $\chi^2＝496.46,\chi^2/df＝5.91,CFI＝0.69,TLI＝0.63,RMSEA＝0.20$;模型 4(垂直领导专家权力感、职位权力感和领导授权行为合并为一个因子)的拟合指数为 $\chi^2＝331.79,\chi^2/df＝3.81,CFI＝0.82,TLI＝0.78,RMSEA＝0.16$;模型 5(垂直领导专家权力感、职位权力感、领导授权行为和团队权力距离倾向合并为一个因子)的拟合指数为 $\chi^2＝667.98,\chi^2/df＝7.51,CFI＝0.57,TLI＝0.49,RMSEA＝0.24$;模型 6(全部因子合并为一个因子)的拟合指数为 $\chi^2＝786.53,\chi^2/df＝8.74,CFI＝0.48,TLI＝0.39,RMSEA＝0.26$。从表 5-2 可以看出,6 个竞争模型的拟合指数均显著差于基础模型,这充分证明了本研究提出的五因子模型的区分效度。

表 5-2　测量模型比较

模　型	因子结构	χ^2	df	$\Delta\chi/\Delta df$	χ^2/df	RMSEA	CFI	TLI
基础模型	五因子	132.01	80		1.65	0.08	0.96	0.95
模型 1	四因子	159.10	84	6.77***	1.89	0.09	0.94	0.93
模型 2	四因子	470.74	84	84.68***	5.60	0.20	0.71	0.64
模型 3	三因子	496.46	87	52.07***	5.91	0.20	0.69	0.63
模型 4	三因子	331.79	87	28.54***	3.81	0.16	0.82	0.78
模型 5	二因子	667.98	89	59.55***	7.51	0.24	0.57	0.49
模型 6	一因子	786.53	90	65.45***	8.74	0.26	0.48	0.39

注: *** $p<0.001$。

3）共同方法偏差分析

由于本研究中的领导授权行为、团队权力距离倾向和共享领导都是由团队成员进行评价和填写的，存在潜在的共同方法偏差问题。因此，本研究采用哈曼（Harman）单因子检验方法进行检验，对领导授权行为、团队权力距离倾向和共享领导的 34 个题项进行探索性因子分析。结果显示，第一个因子的解释率为 31.61%，占因子总解释率的 41.85%，未超过总解释率的 50%，因此共同方法偏差问题对本研究理论模型不会造成较大影响。

4）相关分析

表 5-3 为本研究所涉及的各个变量的均值、标准差及变量之间的相关系数，可以看出，领导授权行为与共享领导正相关（$r=0.77, p<0.01$），这初步验证了本研究对于领导授权行为与共享领导之间关系的假设。领导专家权力感与职位权力感正相关（$r=0.46, p<0.01$），但是和领导授权行为都没有直接的显著相关关系，需要通过进一步分析，以验证创新团队领导专家权力感和职位权力感对领导授权行为的影响。接下来，本研究将对提出的假设进行验证。

5）假设验证

本研究采用层次回归分析来验证所提出的各个假设。在分析过程，对所有的交互项所涉及的变量，包括创新团队垂直领导专家权力感、职位权力感、领导授权行为以及团队权力距离倾向，均进行中心化处理，以避免潜在的多重共线性问题。层次回归分析结果如表 5-4 所示。为了验证创新团队垂直领导职位权力感与领导授权行为之间的关系（假设 1），首先将控制变量对领导授权行为进行回归（模型 1），在此基础上，将创新团队垂直领导职位权力感加入回归方程（模型 2），结果表明，垂直领导职位权力感对领导授权行为的作用不显著（$b=0.05, p>0.05$），因此，假设 1 没有得到支持。为了验证假设 2，将垂直领导专家权力感，以及垂直领导专家权力感和职位权力感的交互加入回归方程（模型 3），结果表明，垂直领导职位权力感和专家权力感的交互对领导授权行为有显著的正向影响（$b=0.22, p<0.05$），因此，假设 2 得到初步验证。进一步地，图 5-2 为交

表 5 - 3　变量均值、标准差及相关系数表

序号	变 量	均值	标准差	1	2	3	4	5	6	7	8	9
1	领导性别	0.31	0.47									
2	领导教育程度	3.07	0.62	0.08								
3	领导工作年限	18.00	7.97	−0.06	−0.40**							
4	团队规模	7.39	3.35	−0.06	0.01	−0.07						
5	团队成立年限	4.40	5.99	0.13	−0.13	0.12	0.31**					
6	领导专家权力感	4.44	0.52	−0.16	−0.06	0.09	0.08	0.00				
7	领导职位权力感	3.55	0.65	−0.20*	0.01	−0.04	−0.06	−0.07	0.46**			
8	领导授权行为	4.41	0.32	−0.09	0.14	−0.08	−0.07	−0.01	0.17	0.13		
9	团队权力距离倾向	3.07	0.51	−0.19*	−0.11	−0.08	0.16	−0.05	−0.07	−0.13	−0.06	
10	团队共享领导	4.41	0.31	−0.09	−0.01	−0.05	0.170	0.03	0.20*	0.00	0.77**	0.04

注：$N=115$，* $p<0.05$，** $p<0.01$。

互作用图(Aiken，West，and Reno，1991)，从图中可以看出，当领导专家权力感较低时，领导职位权力感对领导授权行为产生了潜在的负向作用。类似地，为了验证领导授权行为与共享领导之间的关系，首先将控制变量对共享领导进行回归(模型 4)，在此基础上，将领导授权行为加入回归方程(模型 5)，结果表明，领导授权行为显著影响共享领导($b=0.78$，$p<0.001$)，假设 3 得到验证。为了检验垂直领导职位权力感对共享领导的间接作用(假设 4)，本研究采用自举检验(bootstrapping)分析方法，结果表明，领导职位权力感通过领导授权行为对共享领导的间接作用不显著($\beta=-0.02$，s.e.$=0.04$，$p>0.5$；95%CI$=[-0.11，0.06]$，包含 0)，假设 4 没有得到支持。最后，为了验证团队权力距离倾向对领导授权行为和共享领导之间关系的调节作用，将团队权力距离倾向以及领导授权行为与团队权力距离倾向的交互在模型 5 的基础上加入回归方程(模型 6)，结果表明，两者的交互项系数 $b=-0.20$，而且在 0.05 的水平上统计显著($p<0.05$)，表明团队权力距离倾向负向调节领导授权行为与共享领导之间关系，假设 5 得到支持。

表 5-4　层次回归分析结果

变　　量	领导授权行为			团队共享领导		
	模型 1	模型 2	模型 3	模型 4	模型 5	模型 6
领导性别	−0.08	−0.06	−0.08	−0.05	0.01	0.01
领导教育程度	0.07	0.07	0.09	−0.01	−0.07*	−0.07*
领导工作年限	−0.00	−0.00	−0.00	−0.00	0.00	−0.00
团队规模	−0.01	−0.01	−0.01	0.02	0.02***	0.02***
团队成立年限	0.00	0.00	0.00	−0.00	−0.00	−0.00
领导职位权力感		0.05	−0.03			
领导专家权力感			0.18*			
领导职位权力感× 领导专家权力感			0.22*			
领导授权行为					0.78***	0.76***

变　　量	领导授权行为			团队共享领导		
	模型1	模型2	模型3	模型4	模型5	模型6
团队权力距离倾向						0.01
领导授权行为×团队权力距离倾向						−0.20*
F	0.96	1.34	1.80	0.83	35.96***	28.25***
R^2	0.04	0.05	0.12	0.04	0.67	0.68
ΔR^2	0.04	0.01	0.05*	0.04	0.63***	0.01

注：$N=115$，* $p<0.05$，** $p<0.001$。

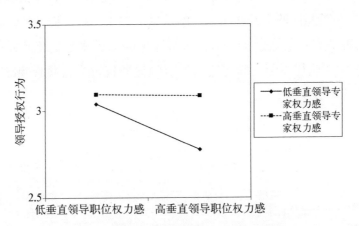

图 5-2　创新团队垂直领导专家权力感调节职位权力感与领导授权行为之间的关系

　　为进一步解释团队权力距离倾向的调节作用，本研究绘制了团队权力距离倾向的调节作用图（Aiken，West，and Reno，1991），如图 5-3 所示。简单斜率（simple slope）检验的结果表明，当团队权力距离倾向较低时（−1 SD），领导授权行为对共享领导的正向作用更强（$t=2.49$，$p<0.05$）；随着团队权力距离倾向的增强，领导授权行为对共享领导的正向作用逐渐降低。当团队权力距离倾向较高时（+1 SD），领导授权行为对共享领导不再有显著的正向作用（$t=1.65$，$p>0.05$）。

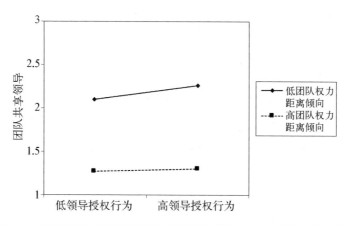

图 5–3　团队权力距离倾向调节领导授权行为与共享领导之间的关系

5.5　本章小结

本研究通过对 115 个创新团队的数据进行分析,检验了创新团队垂直领导权力感对共享领导的作用机制。首先,本研究发现创新团队垂直领导的职位权力感对共享领导没有显著作用。本研究针对创新团队情境,认为创新团队垂直领导的职位权力感有助于提高垂直领导的安全感,激活垂直领导的接近式行为系统,并且使得垂直领导更加聚焦在创新目标的实现上,从而促进创新团队垂直领导的授权行为。但数据分析结果并没有支持这一假设,垂直领导职位权力感对其授权行为的作用并不显著。分析其中的原因,在创新团队情境下,专家权力是垂直领导发挥影响力更重要的权力基础,但仅有职位权力并不能给垂直领导带来足够的安全感。通过对垂直领导专家权力感调节作用的检验也证实了这一点。数据分析结果表明,创新团队垂直领导专家权力感不仅对领导授权行为有积极影响,而且调节了职位权力感对领导授权行为的作用。特别是当垂直领导专家权力感较低时,职位权力感可能会对领导授权行为产生潜在的负向影响。另外,与以往研究一致,本研究证明了在创新团队中,领导授权行为对共享领导也有显著的积极影响,领导授权行为是共享领导产生的必要条件。但是垂直领导职位权力感对共享领导的间接作用没有得到证实。

　　除此之外,本研究还发现垂直领导授权行为对共享领导的作用存在边界条件。在团队权力距离倾向较高的时候,领导授权行为对共享领导的正向作用不再显著。这说明团队成员对于威权的态度影响了领导授权行为的作用效果。当团队成员认可组织等级的差异时,会期待从垂直领导处得到指示,领导授权行为反而不符合团队成员对垂直领导的期待。只有在团队权力距离倾向较低的时候,领导授权行为才能发挥积极作用。本研究假设检验的结果如表5-5所示。

表5-5　假设检验结果总结

研　究　假　设	检验结果
假设1:创新团队垂直领导职位权力感正向影响领导授权行为	不支持
假设2:创新团队垂直领导专家权力感调节垂直领导职位权力感对其授权行为的作用。当专家权力感高时,职位权力感对领导授权行为的正向作用更强	支持
假设3:创新团队垂直领导授权行为正向影响共享领导	支持
假设4:创新团队垂直领导职位权力感对团队共享领导有间接作用,垂直领导职位权力感作用于领导授权行为,领导授权行为进一步促进共享领导的产生	不支持
假设5:团队权力距离倾向调节创新团队垂直领导授权行为与共享领导之间的关系。当团队权力距离倾向较低时,领导授权行为对共享领导的正向作用更强	支持

第 6 章	创新团队成员权力感对共享领导的作用机制检验

6.1 创新团队成员权力感对共享领导作用的理论模型

本研究围绕创新团队成员权力感对共享领导的作用机制展开研究。具体来说，首先，本研究检验了创新团队成员专家权力感对其主动担责行为的影响，以及成员参照权力感对专家权力感和主动担责行为之间关系的调节作用；其次，本研究检验了创新团队成员主动担责行为对共享领导的影响以及创新团队成员专家权力感对共享领导的间接作用；最后，本研究检验了团队学习导向对成员主动担责行为和共享领导之间关系的调节作用。本研究的理论模型如图 6-1 所示。

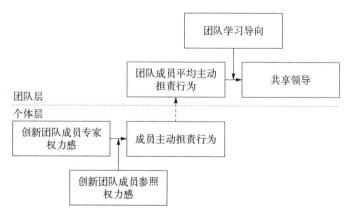

图 6-1 创新团队成员权力感对共享领导的作用机制

99

6.2　样本和数据收集

本研究的数据是笔者通过校友关系以及滚雪球的方式收集的。在收集数据前,笔者针对创新团队的概念和特征与校友进行沟通,在征得校友同意后,发放针对此次研究所设计的调查问卷。本研究的调查以套问卷的形式进行,其中,创新团队垂直领导对每一位团队成员的主动担责行为分别进行评价;创新团队成员则对垂直领导的领导授权行为、团队学习导向以及共享领导进行评价。最终本研究有效回收了分布在上海、深圳、济南、临沂的 11 家企业中的 53 个创新团队的数据。11 家企业主要来源于制造业和 IT 行业,还有部分团队来自咨询行业。样本中的创新团队包含了研发、技术、设计等类型,其中员工问卷为 234 份,其中,团队规模为 2～18 人不等,平均团队规模为 5.85 人,平均团队成立年限为 4.52 年。男性员工有 181 人,女性员工有 53 人。7.7% 的员工年龄在 25 岁以下,47.0% 的员工为 25～29 岁,23.2% 的员工为 30～34 岁,15.0% 的员工为 35～39 岁,还有 5.1% 为 40 岁及以上的员工。关于员工的教育程度,80.3% 以上的员工都具有本科及以上学历,其中硕士学历占比为 28.6%,有 3.4% 的员工具有博士学历。

6.3　测量工具

本研究量表均采用李克特 5 点量表评价法,被调查对象将从 1(非常不符合)到 5(非常符合)对相关条目进行评价。本研究通过双向背靠背的方法,由一名精通双语的博士生将条目从英文翻译成中文,再请另一位精通双语的博士生将翻译的中文再转换为英文,经过讨论后确定最终的中文量表(Brislin, 1980)。

1) 成员专家权力感

成员专家权力感的量表改编自 Hinkin and Schriesheim(1989)的量

表,共有 4 个条目。原量表为员工对领导的专家权进行评价,本研究转换条目中的主语和宾语,让成员对自己的专家权进行评价,代表性条目有"我能给其他成员良好的专业建议并被看重"和"我有很多经验可以跟其他成员分享并被接纳"。

2) 成员参照权力感

成员参照权力感的量表改编自 Hinkin and Schriesheim(1989)的量表,共有 4 个条目。原量表为员工对领导的参照权进行评价,本研究转换条目中的主语和宾语,让成员对自己的参照权进行评价,代表性条目有"其他成员能感觉到我对他们的重视"和"我能让其他成员感觉到我对他们的赞赏"。

3) 成员主动担责行为

成员主动担责行为的量表来源于 Morrison and Phelps(1999)的量表,共有 10 个条目。代表性条目有"该下属经常采纳一些改进的工作程序来完成工作"和"该下属经常试着缩减没必要的工作程序"。

4) 团队学习导向

团队学习导向的量表来源于 Bunderson and Sutcliffe(2003)的量表,共有 5 个条目。代表性条目有"团队成员寻找机会学习新技能和新知识"和"团队成员认为学习和开发新技能非常重要"。

5) 创新团队共享领导

创新团队共享领导同样采用本研究开发的量表进行测量,包括任务导向和关系导向共享领导行为 2 个维度,共 14 个条目。

6) 控制变量

本研究选取创新团队成员性别、教育程度、团队工作年限作为个体层控制变量,以团队规模和团队成立年限作为团队层控制变量。已有研究表明,由于主动担责涉及不确定性和对风险的承担,员工的性别、教育程度以及工作经历会对其主动担责行为产生影响(Kim and Liu,2017)。为此,本研究控制了团队成员的性别、教育程度和在团队中的工作年限,其中教育程度包括高中或中专、大专、本科、硕士和博士 5 个选项。另外,Nicolaides et al.(2014)指出,因为共享领导涉及团队成员之间的互动,所以团队规模和团队年限都会对共享领导产生影响。因此,本研究还将垂直领导汇报的团队规模和团队年限作为控制变量,进行假设检验。

6.4 数据分析结果

1) 信度分析

本研究采用 Cronbach's α 系数来检验所采用量表的内部一致性信度。如表 6-1 所示,创新团队成员专家权力感、创新团队成员参照权力感、成员主动担责行为、团队学习导向以及团队共享领导的 Cronbach's α 系数分均大于 0.7,表明本研究采用的量表均具有良好的信度,满足研究要求。

表 6-1 变量可靠性系数

变 量	Cronbach's α
创新团队成员专家权力感	0.84
创新团队成员参照权力感	0.85
成员主动担责行为	0.89
团队学习导向	0.82
团队共享领导	0.93

2) 效度分析

首先,本研究是同时包含团队层和个体层的跨层研究。由于团队学习导向和团队共享领导是团队成员根据自我感知而进行的评价,因此,需要对这两个变量进行聚合分析。本研究采用 R_{wg} 来判定变量在聚合前的组内一致性(James et al., 1984)。数据分析结果表明,团队学习导向以及共享领导的 R_{wg} 均值分别为 0.91 和 0.98,其组内一致性均满足研究要求。此外,本研究还进一步计算各个变量的 ICC(1) 和 ICC(2) 的值来判别不同团队成员对变量的评分一致性。团队学习导向和共享领导的 ICC(1) 值分别为 0.12 和 0.22,均达到 0.12 的要求;ICC(2)值分别为 0.49 和 0.66,考虑本研究中相对较小的团队规模,各个变量的 ICC 值结果表明本研究所采用的量表均具有良好的聚合效度。

接下来,为验证 5 个变量的区分效度,本研究将对前文提出的五因子理论模型进行验证性因子分析。由于本研究的理论模型为跨层模型,在进行测量模型比较时,将同时在团队层和个体层载入团队学习导向和共享领导因子。侯杰泰等(2004)认为,通过结构方程模型进行验证性因子分析时,样本容量应达到题项总数的 10 倍以上,而本研究的样本仅包含 53 个团队,远达不到要求,这种情况下会导致最高 30% 的估计偏差。为解决这一问题,本研究采用题项打包的方法进行验证性因子分析(Little et al.,2002)。题项打包是指将 2 个或 2 个以上的题项合并(均值或总分)成一个新指标,然后进行验证性因子分析的处理方法。团队共享领导根据变量所包含的维度合并 2 个题项,而创新团队成员专家权力感、参照权力感、成员主动担责行为和团队学习导向,则通过 CFA 的因子载荷对题项进行两两合并(最高合并最低,次高合并次低),最终分别得到 2 个、2 个、5 个和 3 个题项。对题项进行打包后,本研究首先在个体层进行了测量模型比较,创新团队成员专家权力感、参照权力感、成员主动担责行为、团队学习导向以及共享领导五因子模型的拟合指数为 $\chi^2 = 71.70, \chi^2/df = 1.07, CFI = 0.99, TLI = 0.99, RMSEA = 0.02, TLI 和 CFI 值均大于 0.9,RMSEA 小于 0.8,说明本研究提出的五因子模型具有良好的区分效度。为进一步验证,本研究还提出 6 个竞争模型,对竞争模型的分析结果如表 6-2 所示。其中,模型 1(创新团队成员专家权力感和参照权力感合并为一个因子)的拟合指数为 $\chi^2 = 171.93, \chi^2/df = 2.42, CFI = 0.94, TLI = 0.93, RMSEA = 0.08;模型 2(成员主动担责行为和团队学习导向合并为一个因子)的拟合指数为 $\chi^2 = 742.64, \chi^2/df = 10.46, CFI = 0.63, TLI = 0.52, RMSEA = 0.20;模型 3(创新团队成员专家权力感和参照权力感合并为一个因子,成员主动担责行为和团队学习导向合并为一个因子)的拟合指数为 $\chi^2 = 831.48, \chi^2/df = 11.24, CFI = 0.58, TLI = 0.48, RMSEA = 0.21;模型 4(创新团队成员专家权力感、参照权力感和成员主动担责行为

合并为一个因子)的拟合指数为 $\chi^2=612.17,\chi^2/df=8.27,CFI=0.70,$
$TLI=0.63,RMSEA=0.18$;模型5(创新团队成员专家权力感、参照权力
感、成员主动担责行为和团队学习导向合并为一个因子)的拟合指数为
$\chi^2=942.69,\chi^2/df=12.40,CFI=0.52,TLI=0.42,RMSEA=0.22$;模型6
(全部因子合并为一个因子)的拟合指数为 $\chi^2=1\,027.28,\chi^2/df=13.34,$
$CFI=0.47,TLI=0.38,RMSEA=0.23$。从表6-2可以看出,6个竞争模
型的拟合指数均显著差于基础模型,这说明本研究提出的五因子模型在
个体层具有良好的区分效度,为跨层的验证性因子分析提供了基础。跨
层验证性因子分析包含个体层的创新团队成员专家权力感、参照权力感、
成员主动担责行为,以及团队层的团队学习导向和共享领导,其因子结构
应与个体层的一致(Dyer, Hanges, and Hall, 2005)。跨层验证性因子分
析的结果也证明了本研究提出的五因子模型具有良好的区分效度($\chi^2=$
$78.35,df=76,\chi^2/df=1.03,CFI=0.99,TLI=0.99,RMSEA=0.01$)。

表6-2　测量模型比较

模　型	因子结构	χ^2	df	$\Delta\chi/\Delta df$	χ^2/df	CFI	TLI	RMSEA
基础模型	五因子	71.70	67		1.07	0.99	0.99	0.02
模型1	四因了	171.93	71	25.06***	2.42	0.94	0.93	0.08
模型2	四因子	742.64	71	167.74***	10.46	0.63	0.52	0.20
模型3	三因子	831.48	74	108.54***	11.24	0.58	0.48	0.21
模型4	三因子	612.17	74	77.21***	8.27	0.70	0.63	0.18
模型5	二因子	942.69	76	96.78***	12.40	0.52	0.42	0.22
模型6	一因子	1 027.28	77	95.56***	13.34	0.47	0.38	0.23

注: *** $p<0.001$。

3) 共同方法偏差分析

　　由于本研究假设团队学习导向调节了成员主动担责行为对共享领导
的作用,而团队学习导向和共享领导都是由团队成员进行评价和填写的,
存在潜在的共同方法偏差问题。因此,本研究采用哈曼(Harman)单因子
检验方法进行检验,对成员主动担责行为、团队学习导向和团队共享领导

的 19 个题项进行探索性因子分析。结果显示,第一个因子的解释率为 23.07%,占因子总解释率的 37.93%,未占到总解释率的 50%,因此共同方法偏差问题对本研究理论模型不会造成较大影响。

4)相关分析

表 6-3 为本研究所涉及的各个变量的均值、标准差及变量之间的相关系数,可以看出,创新团队成员专家权力感($r=0.31$,$p<0.01$)、参照权力感($r=0.19$,$p<0.01$)与成员主动担责行为均正相关,这初步验证了本研究对于成员权力感与成员主动担责行为之间关系的假设,而且成员专家权力感与成员参照权力感也正相关($r=0.53$,$p<0.01$),需要进一步分析,以验证创新团队成员专家权力感和参照权力感是否对成员主动担责行为有所影响。接下来,本研究将对提出的假设进行验证。

表 6-3　变量均值、标准差及相关系数表

变　　量	均值	标准差	1	2	3	4	5
团队层							
① 团队规模	5.85	3.07					
② 团队成立年限	4.52	3.61	0.40**				
③ 团队学习导向	4.25	0.33	−0.10	−0.02			
④ 团队共享领导	4.23	0.37	−0.14	−0.19	0.742**		
个体层							
① 成员性别	0.23	0.43					
② 成员教育程度	3.15	0.79	0.18**				
③ 成员团队工作年限	3.52	3.01	−0.09	0.03			
④ 成员专家权力感	3.78	0.73	−0.03	−0.10	0.12		
⑤ 成员参照权力感	4.01	0.71	0.05	−0.024	0.05	0.53**	
⑥ 成员主动担责	3.41	0.70	−0.09	0.007	0.09	0.31**	0.19**

注:$N_{\text{team}}=53$,$N_{\text{individual}}=234$,** $p<0.01$。

5)假设验证

本研究首先采用层次回归分析来验证所提出的各个直接效应。在分

析过程中,对所有的交互项所涉及的变量,包括创新团队成员专家权力感、参照权力感、成员主动担责行为以及团队学习导向,均进行中心化处理,以避免潜在的多重共线性问题。层次回归分析结果如表 6-4 所示。为了验证创新团队成员专家权力感和与成员主动担责行为之间的关系(假设 6),首先将个体层控制变量,也就是成员的性别、教育程度和团队工作年限,对成员主动担责行为进行回归(模型 1);在此基础上,将创新团队成员专家权力感加入回归方程(模型 2),结果表明,成员专家权力感对成员主动担责行为有显著的正向影响($b=0.30$,$p<0.001$),假设 6 得到支持。为了验证假设 7,将创新团队成员参照权力感以及参照权力感和专家权力感两者的交互加入回归方程(模型 3),结果表明,创新团队成员专家权力感和参照权力感的交互对领导授权行为的影响不显著($b=0.01$,$p>0.05$),因此,假设 7 没有得到支持,创新团队成员参照权力感对专家权力感和主动担责行为之间的关系没有调节作用。假设 8 提出,团队成员主动担责行为对共享领导有正向作用。由于团队成员主动担责行为是个体层变量,而共享领导是团队层变量,因此,实际上是检验团队成员平均主动担责行为对共享领导的影响。在团队的互动过程中,团队成员会通过观察、学习等途径对团队内的行为规范形成共性认知,因此会表现出行为的相似性(Lam et al.,2011)。本研究将团队成员主动担责行为聚合到团队层面检验团队成员平均主动担责行为对共享领导的作用,其中,ICC(1)和 ICC(2)的值分别为 0.50 和 0.87,R_{wg} 值为 0.96,也显示出成员主动担责行为具有较好的组内一致性。ANOVA 分析结果表明,成员主动担责行为具有显著的组间差异($F=8.65$,$p<0.001$)。为了验证成员主动担责行为与共享领导之间的关系,首先将控制变量,也就是团队规模和团队成立年限对共享领导进行回归(模型 4);在此基础上,将团队成员平均主动担责行为加入回归方程(模型 5),结果表明,成员主动担责行为显著影响团队共享领导($b=0.20$,$p<0.05$),假设 8 得到验证。

为了检验创新团队成员专家权力感对共享领导的间接作用(假设 9),本研究使用 Mplus.7.0 进行路径分析,结果如表 6-5 所示。创新团队成员专家权力感可以通过影响成员主动担责行为进而对共享领导产生显著

表 6‑4　层次回归分析结果

变　　量	成员主动担责行为			团队共享领导		
	模型 1	模型 2	模型 3	模型 4	模型 5	模型 6
成员性别	−0.13	−0.13	−0.14			
成员教育程度	0.02	0.04	0.04			
成员团队工作年限	0.02	0.01	0.01			
团队规模				−0.01	−0.00	−0.00
团队成立年限				−0.02	−0.03	−0.03*
成员专家权力感		0.30***	0.28***			
成员参照权力感			0.04			
成员专家权力感×成员参照权力感			0.01			
成员主动授责行为					0.20*	0.02
团队学习导向						0.74***
成员主动担责行为×团队学习导向						0.37*
F	1.10	23.93	0.14	1.03	4.12	30.81
R^2	0.01	0.11	0.11	0.04	0.12	0.58
ΔR^2	0.01	0.09***	0.00	0.04	0.08*	0.51***

注：$N_{team} = 53$，$N_{individual} = 234$，* $p < 0.05$，*** $p < 0.001$。

的积极作用（$\beta = 0.04$，s.e. $= 0.02$，$p < 0.5$；95%CI$=[0.00, 0.07]$，不包含 0），因此，本研究的假设 9 得到支持。最后，为了验证团队学习导向对成员主动担责行为和共享领导之间关系的调节作用，将团队学习导向以及成员主动担责行为与团队学习导向的交互在模型 5 的基础上加入回归方程（模型 6），结果表明，两者的交互项系数 $b = 0.37$，而且在 0.05 的水平上统计显著（$p < 0.05$），表明团队学习导向正向调节成员主动担责行为与共享领导之间关系，假设 10 得到支持。

表 6 - 5　间接效应检验结果

路　径	Estimate	s.e.	95%置信区间
成员专家权力感→成员主动担责行为	0.16***	0.04	(0.09, 0.24)
成员主动担责行为→共享领导	0.23*	0.10	(0.02, 0.43)
成员专家权力感→成员主动担责行为→共享领导	0.04*	0.02	(0.00, 0.07)

注: $N_{team} = 53, N_{individual} = 234$, $^*p < 0.05$, $^{***}p < 0.001$。

　　为进一步解释团队学习导向的调节作用,本研究绘制了团队学习导向的调节作用图(Aiken et al., 1991),如图 6 - 2 所示。当团队学习导向较高时,创新团队成员主动担责行为对共享领导的正向作用更强;随着团队学习导向的降低,创新团队成员主动担责行为对共享领导的正向作用逐渐降低。当团队学习导向较低时,创新团队成员主动担责行为对共享领导甚至有潜在的负向影响。

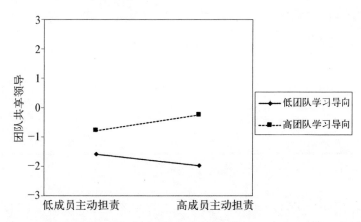

图 6 - 2　团队学习导向调节创新团队成员主动担责行为与共享领导之间的关系

6.5　本章小结

　　本研究通过对 53 个创新团队以及团队中 234 位成员的数据进行分

析,进一步检验了创新团队成员权力感对共享领导的作用机制。数据分析结果表明,创新团队成员专家权力感对成员主动担责行为有显著的正向作用。在创新团队中,具备专家知识和技能是发挥领导影响力的重要权力基础。专家权力感较高的创新团队成员对自己的想法更有信心,也更愿意承担变革的风险,从而更有可能做出主动担责行为。本研究还发现,创新团队成员参照权力感对专家权力感与主动担责行为之间关系的调节作用并不显著。分析其中的原因,可能是成员专家权力感在创新团队中发挥了至关重要的作用,如果创新团队成员对自己的专业知识和技能有足够的信心,即使参照权力感不够高,也不影响其主动担责行为。另外,数据分析结果还表明,当创新团队成员均投入主动担责行为中时,有利于团队共享领导的形成。创新团队成员的专家权力感通过影响其主动担责行为间接作用于共享领导的形成。除此之外,创新团队成员主动担责行为对共享领导的影响还受到团队学习导向的调节。较高的团队学习导向有利于促进团队成员接受来自他人的影响和主动变革行为,因此,在团队学习导向较高的时候,成员主动担责行为对共享领导的积极作用会被增强。本研究对假设的检验结果如表 6 - 6 所示。

表 6 - 6　假设检验结果总结

研　究　假　设	检验结果
假设 6:创新团队成员专家权力感正向影响成员主动担责行为	支持
假设 7:创新团队成员参照权力感调节成员专家权力感对其主动担责行为的影响。当成员参照权力较高时,专家权力感对主动担责行为的正向作用更强	不支持
假设 8:创新团队成员主动担责行为正向影响共享领导	支持
假设 9:创新团队成员专家权力感对团队共享领导有间接作用,创新团队成员专家权力感作用于团队成员主动担责行为,而当团队成员都参与主动担责行为中时,团队平均主动担责行为进一步促进共享领导的产生	支持
假设 10:团队学习导向调节成员平均主动担责行为和共享领导之间的关系,当团队学习导向更高时,成员平均主动担责行为对共享领导的正向作用越强	支持

第 7 章 ▷ 研究结论和展望

7.1 主要研究结论

围绕本书绪论中提出的三个研究问题,本书结合创新团队情境,开发和检验了创新团队共享领导量表,并且基于权力接近抑制理论、情境聚焦理论和权力基础理论,讨论了创新团队垂直领导和成员权力感对共享领导的作用机制。通过三个研究的实证检验,本书主要得出以下几点结论。

7.1.1 创新团队共享领导的内涵和结构

创新团队共享领导是一个多维度变量,包括任务导向共享领导行为和关系导向共享领导行为两个维度,并且在创新团队中发挥重要作用。作为一种新兴的领导力范式,共享领导在得到越来越多关注的同时,也受到学者和实业界的质疑。传统垂直领导的概念深入人心,领导力仅仅来源于某一个体的观念仍被大多数人所认同。然而,本研究通过文献分析和量表开发,从理论和实证上都表明了创新团队共享领导的存在,而且在访谈过程中,也发现创新团队中的成员不仅仅是唯垂直领导命令是从的追随者角色。在创新团队中,团队成员主动承担领导职责,如协同制定团队目标和赞赏其他成员,互相影响,彼此领导实现团队创新目标。由此,本研究结合文献研究和深度访谈,从领导力应促进团队中个体的努力和集体的有效性的本质出发,构建了包含任务导向和关系导向共享领导行为的两维创新团队共享领导构念,表明了创新团队中成员具体发挥哪些共享领导职能来促进创新目标的实现。此外,通过来自两个样本的数据对本研究所编制的量表进行了较为严格的信度、效度检验,包括探索性和验证性因子分析,以及效标关联效度检验,证明此二维结构较为稳定,且具有良好的信效度。不仅如此,采用本研究所开发的量表,创新团队共享领导能够有效预测创新团队创造力和团队绩效。通过比较本量表和已有共享领导量表(Muethel et al.,2012)的作用效果,本量表测量的共享领导对创新团队的绩效和创造力都有更高的解释度。这也进一步说明,在创新团队情境下,共享领导有其独特的领导力职能,而且在创新团队中发挥重要的作用。

7.1.2　权力感影响创新团队共享领导的涌现

创新团队垂直领导和成员不同来源的权力感通过影响其行为,间接作用于共享领导。基于权力接近抑制理论、情境聚焦理论和权力基础理论,本研究首先检验了不同类型的权力感对于创新团队垂直领导和成员行为的不同影响。对于垂直领导来说,本书提出较高的职位权力感有利于增强垂直领导对自己地位和权力的安全感,从而激活其接近式行为系统,关注授权可能带来的积极结果,对创新目标的实现更有信心,提高垂直领导愿意承担授权风险的可能性。但数据分析结果没有支持这一假设,本研究发现在创新团队中,垂直领导职位权力感对其授权行为没有显著影响。但是,创新团队垂直领导专家权力感对职位权力感和授权行为之间关系的调节作用得到了验证。值得注意的是,创新团队垂直领导的专家权力感对其授权行为还存在显著的直接效应。这说明,在创新团队中,专业知识和技能对团队工作至关重要。即使是拥有职位权力的垂直领导,专家权也是垂直领导发挥影响力的重要基础。在创新团队中,对职位权力的感知并不能为垂直领导带来足够的安全感,而专家权力感的缺

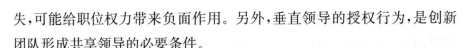

失,可能给职位权力带来负面作用。另外,垂直领导的授权行为,是创新团队形成共享领导的必要条件。

对于团队成员来说,由于没有组织正式赋予的职位权,专家权对其影响力的发挥变得尤为重要。在复杂的创新团队工作过程中,专家权力感使得团队成员对自己的想法和能力都更有信心,从而更有可能推进新想法的实施,对目前的工作进行改进,主动担责。本书虽然提出较高的参照权感知会减少创新团队成员对于主动担责行为会遇到其他团队成员抵制的担忧,进一步增强团队成员行使专家权推动变革的可能,但实证分析结果并没有支持这一假设。分析其中的原因,可能是因为知识和技能对于创新团队目标的实现是核心,所以专家权力感发挥了决定性作用,当成员对自己的专业知识和技能有足够的信心时,会相信自己所推动的变革的正确性和积极性,从而对来自他人的阻碍不会有过多的担忧。另外,由于创新团队对知识和技能的重视使得团队成员尊重专家权力,可能也削弱了参照权的作用。相反,如果只有参照权,即使得到大家的尊重,如果专业知识和技能不能令其他成员信服,也不会促成成员的主动担责行为。由于创新团队任务互依性高,每一项工作的改进都可能涉及所有成员。因此,当团队成员整体投入主动担责行为中时,不可避免地会影响彼此,从而促进团队中共享领导的形成。总之,创新团队垂直领导和成员的权力感虽然对共享领导没有直接作用,但是通过影响各自的行为,最终间接作用于共享领导的形成。

7.1.3 创新团队共享领导涌现存在边界条件

团队权力距离倾向和团队学习导向分别是创新团队垂直领导和成员行为对共享领导产生影响的边界条件。为了进一步探索创新团队垂直领导和成员的行为对共享领导的作用机制,本研究聚焦于垂直领导和团队成员行为对共享领导影响的边界条件,发现团队权力距离倾向削弱了领导授权行为对共享领导的正向作用,而团队学习导向则增强了成员主动担责行为对共享领导的正向作用。学者们普遍认为团队权力距离倾向和团队学习导向对团队有重要影响。本研究的结果表明,领导授权不仅可能受到来自垂直领导的抵制,在权力距离倾向较高的团队中,团队成员也可能出于对领导威权的顺从和对权力差距的认可,不能很好地参与团队授权过程中,影响领导授权的作用效果。另一方面,共享领导的形成依赖于团队成员发挥影响力,而团队成员还必须愿意接受来自其他成员的影响力。而较高的专家权力感在促使创新团队成员发挥影响力、主动担责的同时,也增强了团队成员抵制他人影响力的能力。因此,在创新团队具有较高的学习导向时,团队成员出于对学习的重视和对团队目标的认同,往往更有可能接受他人的影响力,为改进当前工作、实现团队创新目标而共同努力,在团队中形成共享领导。

7.2 本书的创新点和理论贡献

7.2.1 开发了创新团队共享领导量表

本研究的重要贡献之一是结合创新团队情境开发了创新团队共享领导量表。科学合理的测量方法是共享领导理论进一步发展的基础,本研究开发和验证了能够更加准确地体现创新团队共享领导内涵和结构的量表。为了更加清晰地理解领导力如何在团队内被共享,Zhu et al.(2018)呼吁和鼓励学者们基于职能的视角来分析和理解共享领导,阐明团队成员是集体参与团队领导共同承担领导力职责,还是不同的成员各自承担差异化的领导力职责。本研究响应这一号召,首先通过辨析共享领导和相似概念(比如分布式领导)的异同,认为基于团队共享认知的共享领导是一种团队整体现象,体现出团队所有成员对这种非正式领导力的参与。社会网络方法能够展现出领导力在团队里的分布模式,因而更适合用于分布式领导的研究。其次,本研究通过文献分析和实地深度访谈,对创新团队中成员所承担的领导力职责进行了更为深入和细致的分析。在以往从职能角度测量共享领导的研究中,大多直接借用垂直领导的测量框架

(Hiller et al.，2006)。而正式的垂直领导和非正式的共享领导，并不一定承担同样的领导职责，比如挑选适合的成员组建团队这一职能就比较适合由正式领导来承担。其他学者，如 Muethel et al.(2012)和 Houghton et al.(2015)则从任务导向的共享领导行为角度阐述了团队成员所承担的职责，而忽视了关系导向的共享领导行为。赵鹏娟、赵国祥(2012)虽然同时从两个维度编制了知识型员工的共享领导量表，但是没有完全聚焦团队成员之间的相互影响。本研究所开发的量表则清晰地体现了创新团队成员究竟承担哪些共享领导职能以实现团队创新目标。

一方面，这对于组织提升创新团队成员能力以促进共享领导的形成，提供了重要的信息和参考；另一方面，对创新团队情境的聚焦，拓展了目前关于共享领导的研究。由于情境的不同，团队成员所承担的领导力职责也会发生相应的改变。比如，Acar(2010)认为多样化导向的共享领导可以防止团队内出现与社会分类过程相关的偏见，以及因差异性而产生的消极情绪，但是已有的研究无法很好地反映出团队成员在团队多样化管理中所发挥的领导力和影响力。因此 Acar(2010)从已有研究中总结和梳理与多样化管理相关的领导行为，开发了多样化导向的共享领导量表，代表性条目有"我所在团队会阻止带有偏见的看法"。Mihalache et al.(2014)则在检验高管团队共享领导对组织二元性的影响时，考虑到高管团队共享领导涉及高管成员对团队流程和文化的维护，已有的用于较低层次团队的量表不再适用于高管团队。因此，他们通过对 14 家企业的高管成员进行访谈，重新编制了适用于高管团队的共享领导量表，代表性条目有"高管团队成员共同负责设立战略目标"。比起通用的共享领导量表，本研究聚焦创新团队中的共享领导，表现出团队成员为实现创新目标而主动做出的互相影响的行为。比如，本研究强调了促进团队成员学习和探索性思考等对创新有重要作用的领导力职能。Zheng et al.(2010)鼓励更多关于创新团队领导力的研究，以便更好地理解创新团队对领导力的需求，也因此可以帮助组织针对创新团队领导力进行相应的培训。因此，本研究所开发的量表不仅是对共享领导文献的拓展和补充，更是对创新团队的管理有重要的意义。

7.2.2 丰富了共享领导的前因研究

正如前文反复提到的,尽管大量研究已经检验了共享领导的结果,但关于共享领导前因的探索仍然非常欠缺(Chiu et al.,2016;Nicolaides et al.,2014,Zhu et al.,2018)。共享领导是一种新兴的领导力模式。对组织来说,理解究竟哪些因素可以促进共享领导,对指导组织的实践具有重要意义。本研究的另一个重要贡献就是从创新团队垂直领导和成员两个方面入手,解释了垂直领导和团队成员的哪些行为可以促进共享领导的产生,从而丰富了共享领导的前因研究。这是对当前共享领导理论和文献研究的拓展。

首先,与以往研究一致(Hoch,2013),本书确认了领导授权行为在创新团队情境下同样对共享领导有积极作用,进一步强调了授权对于团队成员发挥影响力、彼此领导的重要性。尤其是在工作任务高度复杂和不确定的情境下,更需要授权团队成员,以充分发挥其潜能促进团队目标的实现。除此之外,创新团队成员的主动担责行为也正向影响共享领导。以往关于共享领导的研究往往忽视了团队成员的作用,然而团队成员的行为影响其领导力的涌现,并最终作用于共享领导的形成(Hoch and Dulebohnb,2017)。本研究首次提出了创新团队成员的主动担责行为有助于他人对其领导影响力的认同,并且在创新团队任务情境下带动所有成员互相影响、彼此领导。综合考虑团队层垂直领导和个体层团队成员不同类型的影响因素,是丰富共享领导研究的重要途径(Grille et al.,2015)。不仅如此,通过进一步检验垂直领导对共享领导的作用,本研究整合了团队中存在的正式和非正式两种领导力。以往大多数研究只关注团队中的一种领导力,而整合的领导力研究有助于提高我们对团队领导力的综合认知(Chiu et al.,2016;Morgeson et al.,2010)。

其次,本研究没有止步于对影响共享领导的垂直领导和团队成员行为的识别。了解行为背后的原因,包括认知和动机过程等,对于组织促进或者抑制目标行为有更加重要的理论贡献和实践意义。相应地,本研究表明,创新团队垂直领导和成员对自己权力的认知,影响了他们的行为,从而最终作用于共享领导的形成。尤其是垂直领导的专家权力感和职位权力感,以及团队成员的专家权力感和参照权力感对各自的行为产生了不同的影响。Zhu et al.(2018)鼓励学者们检验领导胜任力对共享领导的影响。比如,当胜任力不足时,垂直领导可能一方面需要团队成员承担领导力职责,另一方面又欠缺引导团队成员构建共享领导的能力。本研究虽然没有直接检验领导胜任力对其行为的影响,但垂直领导的专家权力感体现了领导对自己专业能力和指导团队能力的信心,而这有利于领导协助员工成长,提升团队成员共享领导能力。对于团队成员来说,Taggar,Hackew, and Saha(1999)曾指出,由于正式权力的缺乏,员工工作能力和人际沟通能力对其领导力的涌现至关重要。而在创新团队中,专家权是最核心的权力,是激活成员接近式行为系统的主要动力,创新团队成员对自己通过专家知识和技能来影响别人的能力感知,是团队成员主动担责的重要驱动因素。

本研究还通过检验团队权力距离倾向和团队学习导向的调节作用,解释了共享领导前因的边界条件,并进一步丰富了共享领导的研究(Wang et al., 2017;Zhu et al., 2018;顾琴轩等, 2018)。Hill et al.(2006)指出团队权力距离可能会对共享领导的形成有重要影响。本研究发现,团队权力距离倾向影响了团队成员对威权的接受程度,而调节了领导授权行为的效果,强调了团队价值观对于构建共享领导的重要作用。另一方面,已有研究虽然强调了团队学习导向的作用,但研究仍不充分,大多只检验了学习导向的主效应(Gong et al., 2013)。本书认为团队学习导向作为团队的情境变量,能够增强成员主动担责行为和共享领导之间关系。

最后,本书研究的结论不仅对共享领导的研究做出了贡献,而且对领导授权和主动担责行为的研究也都进行了一定的拓展。比如,出于对授权领导的关注,学者们已经发表了大量文章,但这些文章几乎毫无例外地均聚焦在授权领导的积极结果上,使得我们对授权领导的影响因素了解甚少。相关研究表明,并非所有的领导都愿意促进员工参与领导权力分享(Stewart et al.，2017)，因此，检验影响领导授权行为非常重要。通过识别前因，组织可以更好地理解如何鼓励领导授权(Sharma and Kirkman，2015)。另一方面，已有研究已经指出员工主动性行为也存在作用边界(Grant et al.，2009)。但目前的文献对哪些因素调节主动担责行为的作用鲜有涉及。Kim and Liu(2017)提出情绪智力可以增强主动担责行为对员工绩效的积极作用，因为情绪智力有助于员工有效管理来自其他人的抵制和负面情绪，也有利于员工建立良好的人际关系，获得更多的支持。类似地，本书提出团队学习导向作为团队情境因素有助于团队成员接受彼此的主动担责行为，增强主动担责行为的积极效用。

7.2.3　拓展了权力和领导力的整合研究

本研究的另外一个重要贡献就是整合了权力和领导力的研究，不仅拓展了权力和共享领导的研究，而且对权力和垂直领导关系的研究也做了补充。无论是垂直领导还是共享领导，领导力和权力的关系都还没有得到充分的检验(Haselhuhn et al.，2017；Sveiby，2011)。然而，忽略权力而讨论共享领导是不切实际的，虽然学者们已经对共享领导中的权力问题有过一些讨论，比如认为共享领导涉及权力的共享和重新分配(Pearce and Manz，2005)，但权力在共享领导研究中的作用应该得到更多关注(Lumby，2013)。本研究从两方面拓展了权力对共享领导形成的作用研究。首先，共享领导的形成需要来自自上而下的正式领导的授权。在等级化和控制性的领导方式中，团队成员没有权力来发挥自主性以彼此领导，共享领导也不太可能出现。其次，团队成员的非正式权力也是团队形成共享领导重要的驱动因素。团队成员没有组织赋予的正式权力(职位权)，但是团队成员可以通过专家权和参照权在团队中发挥影响力，承担领导职责。

而关于权力和垂直领导力的关系，Haselhuhn et al.(2017)也鼓励学者们有针对性地进行进一步检验。关于权力是能够提升还是降低领导力有效性，已有研究尚无定论。比如，虽然 Haselhuhn et al.(2017)发现较高的权力感有助于领导向员工授责,但是 Stewart et al.(2017)却发现位高权重的团队领导却阻碍了团队授权的实施。对两个研究的进一步分析可以发现,Haselhuhn et al.(2017)通过操纵实验对象的职位而控制他们的权力感。而 Stewart et al.(2017)的研究对象中,团队领导拥有远高于其他成员的专家技能。为此,本研究认为不同来源的权力感可能会对领导的行为产生不同影响。Yoon and Farmer(2018)检验了职位权力感和个人权力感对利他行为和无礼行为的不同影响。而本研究发现,在创新团队中,无论是对垂直领导还是团队成员,专家权力感都有更重要的影响。相比 Yoon and Farmer(2018)采用他人评价研究主体权力的方法,本书研究了垂直领导和团队成员对自身权力的感知,而主观的权力感对个体的想法、感受和行为有最直接的影响(Anderson et al.,2012)。通过对不同来源的权力进行区分,本研究对权力相关理论的完善也做出了一定的贡献。权力接近抑制理论并没有考虑权力的来源及其效果,然而现有研究中关于权力到底是有利于腐败还是赋能,几乎每个学者都有自己的看法,也因此他们针对权力的作用提出了不同的观点。比如,Guinote(2007)提出了情境聚焦理论,以补充和完善权力接近抑制理论。而结合具体的研究情境,详细探讨不同来源的权力对个体行为的具体影响,也有利于深入和全面地理解权力的作用。

7.3 对组织构建创新团队共享领导的管理启示

本书围绕创新团队共享领导展开研究,所得的研究结论对组织促进创新团队共享领导,进而提升创新团队绩效有重要的指导意义。

首先,组织应充分认识到创新团队共享领导的重要性,努力构建创新团队中的共享领导。对于期望创新团队取得高绩效的公司来说,要充分利用共享领导,发挥团队成员的集体智慧。组织应该意识到,创新团队共享领导包含任务导向和关系导向共享领导行为,可以通过有针对性的培训或团队建设活动来促进创新团队共享领导的形成。相关性分析结果表明,关系导向共享领导行为与团队绩效的关系更为密切。任务导向共享领导行为能够为团队成员完成创新任务提供指导和协助。然而,为了使团队成员投入创新工作中,还需要利用关系导向共享领导行为增进团队成员之间的人际关系,增强团队的协调性和成员对团队的认同。特别是在研发团队等创新团队中,团队成员往往会专注于技术而忽视与其他成员之间的人际互动。因此,组织应重视创新团队中的人际关系建设,多为创新团队成员提供交流的机会。公司在采取措施增强团队成员共享领导力的同时,也可对表现优异的团队进行奖励,以表示公司对共享领导的重视,从而引导创新团队成员为共享领导的形成付出努力。

其次,基于本书的研究结论,为了进一步促进创新团队共享领导的形成,组织必须重视创新团队垂直领导和团队成员权力感对其行为的影响。组织中的工作往往涉及权力的使用。因此,认识到不同来源的权力对组织成员行为的影响非常重要。一方面,在选拔创新团队领导时,组织需要判断候选人是否具有丰富的专业知识和技能。较高的专家权力感对于垂直领导促进授权的顺利进行有重要作用,因此,除了对选拔条件的限制之外,还可以加强对创新团队垂直领导的培训,保证其拥有较高的专家权力感。另外,组织还应该注重向领导传达授权的重要性,促使其认同自己的职位,将授权视为自己的分内职责。另一方面,组织和领导在选择员工组建创新团队时,也应强调员工的专业知识和技能,尤其是要保证员工的知识和技能能够为创新团队做出相应的贡献,这既关系到创新团队目标的实现,也有利于员工在创新团队中发挥自己的影响力。组织还可以时刻关注团队成员是否具有足够的非正式权力驱动其在团队中发挥影响力,并通过管理反馈,在成员专业技能不足时利用培训等方法提高其个人权力感。另外,对权力感较高的垂直领导和成员来说,往往会更加关注对目标的追求,因此组织应该注重与创新团队垂直领导和成员就构建共享领导的目标展开沟通,鼓励他们发挥自己的影响力(Hoogervorst et al.,2012)。

除了关注不同来源的权力感的影响之外,组织还应该进一步促进创新团队垂直领导的授权行为以及成员的主动担责行为,以保证创新团队共享领导的形成。比如,组织可以树立授权型领导的榜样,并对其给予奖励,提高其他领导对授权行为的认同(Ibarra,1999)。组织还应该意识到,授权行为不仅包括授责,还包括赋能。因此,领导未必能正确地执行授权行为,而不恰当的授权可能会阻碍员工对于授权的感知。本研究所采用的对领导授权行为的测量,实际上为指导领导正确授权提供了比较明确的方向,组织应加以利用,并对授权型领导进行培训。比如,组织应该鼓励领导与成员加强沟通,肯定和认可成员对团队的贡献。此外,还可以利用这一量表追踪领导授权行为的实施,并根据反馈及时调整(Raub and Robert,2010)。另外,培养领导的长远观,促使领导从长远角度考虑问题,以及设置清晰合理的奖惩制度,包容创新团队的失败,减少垂直领导对授权风险的顾虑,都可以有效促成领导的授权行为(张文慧、王辉,2009)。另一方面,为了促进团队成员的主动担责行为,组织应该为员工提供个性化的培训和丰富的工作设计,以提升员工对自己能力的信心和对工作更广泛的认知(McAllister et al.,2007)。垂直领导也要注重与团队成员建立较高质量的交换关系(Kim et al.,2015)。在一些特定文化情境下,领导可能会因为将精力花费在改善与上级的关系上,而忽视了对下属关系的经营。

最后,针对本书关于垂直领导和团队成员的行为对共享领导作用的边界条件的结论,组织还应关注到团队权力距离倾向和团队学习导向的作用。一方面,组织应该在挑选创新团队成员时,注意对其权力距离倾向进行评估。在组织管理实践中,也要营造一种近权力距离的文化和氛围,向员工传达对平等观念的重视。在某些特定文化情境下,权力距离倾向难免会相对较高。创新团队领导可以融合更加强势的家长型领导风格,增强对团队成员的影响力(Kirkman et al.,2009)。值得注意的是,这不代表领导不再需要向下属授权,反而应该利用下属对自己威权的尊重,指导下属参与共享领导的过程中。另一方面,组织要强调学习的重要性,营造组织的学习氛围。员工的行为受到情景因素的影响,会从环境中寻找信息来调整自己的行为。因此,领导也要起到模范带头作用,注重持续学习,为团队成员提供榜样(Gong et al.,2013)。组织和领导还可以通过适当的奖励来强化团队成员对于学习重要性的认知。

7.4 研究局限和未来研究方向

1）研究局限

本研究结合创新团队情境，遵循严谨的方法开发了创新团队共享领导的量表，同时基于权力接近抑制理论、情境聚焦理论和权力基础理论，讨论了创新团队垂直领导和成员权力感对其构建共享领导行为的影响。虽然本书通过较为坚实的理论基础和合理的研究方法保证了研究结论的可靠性，但仍存在一些不足，有待后续研究进一步解决。

首先，在研究样本方面，本书的 3 个研究均采用了不同的样本。其中，研究一还包含 2 个独立的样本，但由于研究对象仅限于创新团队，数据收集存在较大难度；研究三的样本只有 53 个团队，研究一对量表进行预测试时，样本容量也不能完全满足 10 倍于条目数量的要求。虽然数据分析结果较好地支持了研究假设，但后续研究可继续收集数据，扩充样本量，以进一步提高研究结论的可靠性。另外，本研究所涉及的创新团队虽然包括多个类型，但研发团队还是占到多数，后续研究可进一步丰富研究样本，加深对创新团队的认知。

其次，在研究设计方面，研究一在对量表进行预测试时，所有的评价全都来自个体层面的感知，并未聚合到团队层面，未来可通过更严格的检验程序，收集团队层数据进一步检验创新团队共享领导量表的有效性。另外，在研究二和研究三中，虽然采用了多源的方法收集数据，让垂直领导和团队成员对不同的变量进行评价，但本研究仍采用了横截面的研究设计，影响了对因果关系的验证。后续研究可通过收集纵向数据、实验设计或者质性研究，来进一步验证创新团队垂直领导和成员权力感如何影响他们的行为，并最终作用于共享领导的形成。

最后，在研究内容方面，本书虽然在收集创新团队共享领导测量条目时关注了支持团队创新的领导力研究，但此量表的理论基础还可进一步充实，未来研究可结合创新方面的理论进行进一步探索。另外，鉴于创新团队中专业知识和技能的重要性，本研究强调了垂直领导和团队成员的专家权力感，但是对垂直领导的参照权力感暂未考虑，未来研究可进一步考虑垂直领导参照权力感的影响。此外，本书在讨论团队成员权力感时，未考虑领导授权对其权力感的影响。虽然团队成员的专家权力和参照权力是来自个人的权力，但在工作场所中，领导的行为特别是授权行为很有可能对团队成员的权力感有重要作用。因此，后续研究可对创新团队中的权力结构进行进一步探索，研究垂直领导对团队成员权力感的增强或削弱作用。除此之外，虽然本研究提出了团队权力距离倾向和团队学习导向分别对垂直领导和成员行为的调节作用，但团队权力距离倾向很有可能对团队成员的主动担责行为也有影响，团队内部成员之间也存在地位和权力的差异，尤其是在某些情境下，这种差异会使得团队内部威望较高的成员更能发挥主动担责的效用。另一方面，团队学习导向也可能有利于团队成员积极地看待领导授权行为，视其为挑战和学习的机会，从而增强授权行为的积极作用。后续研究可对此进行进一步检验，以对创新团队中共享领导的形成机制有更深入的理解。

2）未来研究趋势

除了针对本研究在研究样本、研究设计和研究内容方面的不足进一步完善之外，本研究对未来关于创新团队和共享领导领域的研究还有以下几点建议。

首先，未来研究需要考虑不同团队情境下的共享领导。有效的领导力需要根据情境的要求调整自己的行为。比如，本研究强调了团队学习和应对挫折对创新团队实现目标的重要作用。因此，结合工作情境的共享领导研究应该得到更多的关注。

其次，本研究鼓励学者们针对创新团队中的领导力模型进行进一步的探索。团队领导力包括垂直领导力和共享领导力。本研究已经证明创新团队中垂直领导力支持性的行为（授权行为）对共享领导力有重要的促进作用。未来研究需要进一步检验两种领导力之间的关系。另外，还可以深入探索两种领导力如何互动，共同促进创新团队目标的实现。除此之外，已有研究对创新团队共享领导的研究还不充分，利用本书开发的创新团队共享领导量表,未来研究可以就创新团队共享领导的前因和后果展开进一步探索。识别更多垂直领导和共享领导作用的边界条件,也是未来研究可以努力的方向。除了团队权力距离倾向和团队学习导向之外,团队其他价值观(如集体主义)、团队氛围(如授权氛围、参与氛围)以及团队成员构成等,都可能在共享领导的前因和后果中起到调节作用。关于垂直领导和共享领导之间的关系,还可以检验在某种情境中垂直领导力和共享领导力是否会产生冲突。

最后,未来研究要进一步整合权力和领导力的研究,这也是最重要的。本书检验了垂直领导和团队成员的权力感如何驱动其构建共享领导的行为,但对于权力和领导力的关系,仍有很多问题值得进一步关注。比如,未来研究可以考虑垂直领导和团队成员不同来源的权力感如何对其他行为产生影响。另外,个体的行为往往是由情境因素和个体因素共同决定的。以往关于权力感的研究大多也提出了情境因素对促进个体驾驭权力并做出积极行为的作用。未来研究也可以探索不同来源的权力发挥作用的边界条件。另外,权力基础理论虽然得到了相关研究的一致认可,但随着领导力模型从垂直到共享的转换,未来研究可以试图对团队成员的权力来源进行拓展。虽然团队成员没有来自组织正式赋予的职位权,但成员也可能发挥职位权的影响力。比如在引入了 360 度反馈系统的组织中,员工的反馈可以影响主管的晋升及所获的奖励,那么员工在一定程度上对主管也有了奖励权,从而影响主管对员工的行为。再比如,个体也不一定只在正式的具有威权的职位上才会有惩罚权。团队成员之间利用嘲讽和拒绝等行为来迫使成员遵从团队规则,也可看作是惩罚权的体现。除此之外,在创新团队中,创造力相关的知识技能或许和专业知识同样重要,也可以成为权力感的重要来源,而且能够促使团队成员产生更多与创造力相关的行为,从而在创新团队中发挥重要作用。

附　录

附录 1　创新团队主管和成员访谈提纲

创新团队是指产生有用的新的想法并加以应用,履行创新任务的工作团队。对于此定义是否认同? 有何补充或不同理解?

请回忆公司中某个或几个您熟悉的创新团队的工作过程,回答以下问题:

1. 创新团队特点

(1) 公司对创新团队如何进行人员配置? 与其他普通团队相比,有何不同? 例如,是否考虑团队成员的专业知识背景? 能否详细说明?

(2) 创新团队成员是否有很高的工作自主性? 具体体现在哪些方面? 与普通团队相比,创新团队成员是否对工作环境、条件或工作方式有不同的要求? 能否详细说明?

(3) 与普通团队相比,完成工作任务对创新团队领导的能力和领导方式有哪些不同的要求? 对团队成员的能力和工作方式有哪些不同的要求?

(4) 创新团队的工作任务(项目)一般需要多长时间? 是否可分为几个阶段? 如何划分? 例如,是否分为项目起始期、中期和后期,或者计划期和执行期等。每个阶段的主要任务有哪些? 能否详细说明本公司所用的划分方法?

2. 创新团队工作过程

(1) 创新团队工作时,由谁来制定? 团队目标是否就是团队的工作目标? 制定工作目标的过程如何? 能否详细说明?

(2) 在创新团队中,哪种领导方式或哪些领导行为更有利于团队实现目标? 能否举例详细说明?

(3) 在不同的工作阶段中,团队领导的工作侧重点是否不同? 有何不同? 能否详细说明?

(4) 在不同的任务阶段中,团队成员的工作侧重点和工作方式有何不同? 能否详细说明? 为什么有这样的不同?

(5) 你认为团队成员是否应该发挥自己的影响力来帮助团队实现目标? 是否能够回忆起具体事例? 或者说团队成员之间相互领导彼此,来帮助团队最终实现目标的事例?(如果是,你理解的团队成员彼此领导主要体现在哪些方面?)

(6) 你认为这种团队成员之间相互领导、相互影响的现象会对创新团队产生哪些有利影响? 是否会存在负面影响? 团队领导是否应该鼓励成员之间相互领导,应怎样做?

(7) 在不同的工作阶段中,是否有团队成员承担了团队领导的部分职责,从而影响其他成员完成工作目标? 有哪些? 能否举例说明?

(8) 在创新团队中,团队成员是否可以履行团队领导的职能来帮助整个团队实现目标? 哪些职能可以被团队成员所分担? 哪些不可以?

(9) 你认为在创新团队中,团队成员应如何发挥自己的能力来影响或者领导团队实现目标? 需要哪些条件?

(10) 如果团队成员能够彼此影响或领导,成员应具备哪些能力? 具体包括哪些方面? 能否举一个例子说明?

(11) 团队成员的自我管理能力、自我领导能力、自我激励能力在工作中具体有哪些表现? 这些能力是不是团队成员彼此影响或领导所必需的? 除此之外,还需要哪些能力? 在团队中能够彼此影响或领导的成员具有哪些特点或特征?

3. 请举例描述一下自己团队的任务，以及任务各阶段的工作过程。

（1）请问你觉得团队领导应该发挥哪些职能？你对领导力如何理解？

（2）你觉得在团队成员身上有领导力的体现吗？具体有哪些行为？

附录2　创新团队共享领导量表内容效度检验结果

指　标		题　项　内　容	一致性 得分/%
任务导向共享 领导行为	T1	团队成员参与制定团队目标	100
	T2	团队成员协同制订工作计划	100
	T3	团队成员主动协商改进团队工作流程	100
	T4	团队成员主动提出新工作方法以提高团队绩效	100
	T5	团队成员主动寻求和获得同事的建议	36
	T6	分配团队资源时,所有成员都有发言权	50
	T7	团队成员共同识别、诊断及解决所遇到的问题	100
	T8	团队成员共享有关团队工作的信息	86
	T9	团队成员互相监督工作质量和进度	93
关系导向共享 领导行为	R1	团队成员相互支持,共担责任	86
	R2	团队成员鼓励彼此发挥工作主动性	72
	R3	团队成员互相鼓励不断学习和提升	93
	R4	团队成员赞赏同事的探索性思考和行为	100
	R5	团队成员鼓励相互合作	65
	R6	团队成员倾听同事的工作诉求并予以帮助	72
	R7	团队工作遇到挫折时,所有成员相互鼓励	100
	R8	团队成员主动寻求和获得同事的支持和认可	79

附录3 创新团队垂直领导权力感对共享领导的作用机制调查问卷

团队成员问卷

您好！感谢您参与此次问卷调查。本问卷采用匿名填写方式,您的答案将会严格保密,仅供学术研究。对问卷的回答也没有对与错之分,我们真诚地希望您真实地表达自己的观点,谢谢您的支持和配合!

上海交通大学安泰经济与管理学院课题组

一、您在多大程度上认同对您主管的描述:1—完全不同意,5—完全同意。

序号	题　项	认 同 程 度				
1	帮助我理解我的目标与团队目标的关联性	1	2	3	4	5
2	帮助我认识到我的工作对团队整体绩效的重要性	1	2	3	4	5
3	帮助我了解我的工作在团队工作中的定位	1	2	3	4	5
4	让我参与制定决策	1	2	3	4	5
5	在进行重要决策时,主管会经常询问我的建议	1	2	3	4	5
6	如果决策可能对我产生影响,主管会征求我的想法	1	2	3	4	5
7	相信我能处理高难度工作	1	2	3	4	5
8	即使我犯错,依然相信我能进步和提高	1	2	3	4	5
9	对我能够出色完成任务充满信心	1	2	3	4	5
10	允许我以自己的方式完成工作	1	2	3	4	5
11	简化工作规章制度,以提高我的工作效率	1	2	3	4	5
12	允许我快速做出重要决定以解决问题	1	2	3	4	5

二、您在多大程度上认同对您所在团队的描述：1—完全不同意，5—完全同意。

序号	题　　项	认 同 程 度				
1	团队成员参与制定团队目标	1	2	3	4	5
2	团队成员协同制订工作计划	1	2	3	4	5
3	团队成员主动协商改进团队工作流程	1	2	3	4	5
4	团队成员主动提出新工作方法以提高团队绩效	1	2	3	4	5
5	团队成员主动寻求和获得同事的建议	1	2	3	4	5
6	团队成员共同识别、诊断及解决所遇到的问题	1	2	3	4	5
7	团队成员共享有关团队工作的信息	1	2	3	4	5
8	团队成员互相监督工作质量和进度	1	2	3	4	5
9	团队成员主动提出改进团队运作的建设性意见	1	2	3	4	5
10	团队成员都为使团队更有效而积极行动	1	2	3	4	5
11	团队成员都向其他成员寻求可能影响自己工作的外因信息	1	2	3	4	5
12	团队成员会为了自己工作而寻求其他成员工作成绩的信息	1	2	3	4	5
13	团队成员相互支持，共担责任	1	2	3	4	5
14	团队成员鼓励彼此发挥工作主动性	1	2	3	4	5
15	团队成员互相鼓励不断学习和提升	1	2	3	4	5
16	团队成员赞赏同事的探索性思考和行为	1	2	3	4	5
17	团队成员倾听同事的工作诉求并予以帮助	1	2	3	4	5
18	团队工作遇到挫折时，所有成员相互鼓励	1	2	3	4	5
19	团队成员主动寻求和获得同事的支持和认可	1	2	3	4	5

三、您在多大程度上认同以下描述：1—完全不同意，5—完全同意。

序号	题　项	认　同　程　度				
1	主管做决策时，通常不必征求下属意见	1	2	3	4	5
2	工作中主管有权要求下属顺从于他	1	2	3	4	5
3	员工经常质疑主管，会降低主管的工作效率	1	2	3	4	5
4	公司高层制定决策后，员工不应置疑	1	2	3	4	5
5	员工不应与主管发生分歧	1	2	3	4	5
6	主管应在不咨询他人的情况下做出正确决策	1	2	3	4	5
7	让员工参与决策会有损主管权威	1	2	3	4	5
8	即使是出于公司利益，员工也不应打破公司制度	1	2	3	4	5

性别：□男　□女

年龄：□25 岁以下　□25～29 岁　□30～34 岁　□35～39 岁
　　　□40 岁及以上

教育程度：□高中或中专　□大专　□本科　□硕士　□博士

在团队工作年限： _____　**在公司工作年限：** _____

团队主管问卷

您好！感谢您参与此次问卷调查。本问卷采用匿名填写方式，您的答案将会严格保密，仅供学术研究。对问卷的回答没有对与错之分，我们真诚地希望您表达自己的真实观点，谢谢您的支持和配合！

上海交通大学安泰经济与管理学院课题组

一、您在多大程度上认同对您自身的描述：1—完全不同意，5—完全同意。

序号	题　　项	认　同　程　度				
1	我能给下属良好的专业建议	1	2	3	4	5
2	我有很多经验可以跟下属分享	1	2	3	4	5
3	我可以影响下属的加薪	1	2	3	4	5
4	我能为下属提供工作相关的可靠建议	1	2	3	4	5
5	我能为下属提供所需的专业知识	1	2	3	4	5
6	我能为下属提供专门的福利	1	2	3	4	5
7	下属能感觉到我对他们的重视	1	2	3	4	5
8	我能让下属感觉到我对他们的赞赏	1	2	3	4	5
9	下属能感觉得到我对他们的认同	1	2	3	4	5
10	我可以影响下属的晋升	1	2	3	4	5
11	我为下属安排工作时可以不考虑其个人意愿	1	2	3	4	5
12	我能让下属的工作增加难度	1	2	3	4	5
13	我可以让下属感觉他们自己很重要	1	2	3	4	5
14	我能让下属懂得他们需要履行对公司的承诺	1	2	3	4	5
15	我能让下属知道他们应该满足工作要求	1	2	3	4	5

序号	题　　项	认　同　程　度				
16	我可以影响到下属薪资水平的提升	1	2	3	4	5
17	我为下属布置的任务可以不顺其心意	1	2	3	4	5
18	我为下属安排工作时可以不依其个人偏好	1	2	3	4	5
19	我可以让下属知道他们需要履行的工作职责	1	2	3	4	5
20	我能让下属知道他们需要完成的工作任务	1	2	3	4	5

二、个人信息

性别：□男　□女

年龄：□25 岁以下　　□25～29 岁　　□30～34 岁　　□35～39 岁
　　　　□40～44 岁　　□45 岁及以上

教育程度：□高中或中专　　□大专　　□本科　　□硕士　　□博士

工作年限：_____

此团队成立年限_____**团队人数**_____

附录4 创新团队成员权力感对共享领导的作用机制调查问卷

团队成员问卷

您好！感谢您参与此次问卷调查。本问卷采用匿名填写方式,您的答案将会严格保密,仅供学术研究。对问卷的回答也没有对与错之分,我们真诚地希望您真实地表达自己的观点,谢谢您的支持和配合!

上海交通大学安泰经济与管理学院课题组

一、您在多大程度上认同您所在团队的描述:1—完全不同意,5—完全同意。

序号	题 项	认 同 程 度				
1	团队成员寻找机会学习新技能和新知识	1	2	3	4	5
2	团队成员喜欢有挑战性和有难度的任务并从中学习	1	2	3	4	5
3	团队成员愿意尝试新想法以找出有效的方案	1	2	3	4	5
4	团队成员喜欢需要很多技能和能力的任务	1	2	3	4	5
5	团队成员认为学习和开发新技能非常重要	1	2	3	4	5

二、您在多大程度上认同对您自身的描述:1—完全不同意,5—完全同意。

序号	题 项	认 同 程 度				
1	我能给其他成员良好的专业建议并被看重	1	2	3	4	5
2	我有很多经验可以跟其他成员分享并被接纳	1	2	3	4	5
3	我能为其他成员提供工作建议并被考虑	1	2	3	4	5

续　表

序号	题　　项	认　同　程　度				
4	我能为其他成员提供所需的专业知识	1	2	3	4	5
5	其他成员能感觉到我对他们的重视	1	2	3	4	5
6	我能让其他成员感觉到我对他们的赞赏	1	2	3	4	5
7	其他成员能感觉到我对他们的认同	1	2	3	4	5
8	我可以让其他成员感觉他们自己很重要	1	2	3	4	5

三、您在多大程度上认同对您所在团队的描述：1—完全不同意，5—完全同意。

序号	题　　项	认　同　程　度				
1	团队成员参与制定团队目标	1	2	3	4	5
2	团队成员协同制订工作计划	1	2	3	4	5
3	团队成员主动协商改进团队工作流程	1	2	3	4	5
4	团队成员主动提出新工作方法以提高团队绩效	1	2	3	4	5
5	团队成员主动寻求和获得同事的建议	1	2	3	4	5
6	团队成员共同识别、诊断及解决所遇到的问题	1	2	3	4	5
7	团队成员共享有关团队工作的信息	1	2	3	4	5
8	团队成员互相监督工作质量和进度	1	2	3	4	5
9	团队成员主动提出改进团队运作的建设性意见	1	2	3	4	5
10	团队成员都为使团队更有效而积极行动	1	2	3	4	5
11	团队成员都向其他成员寻求可能影响自己工作的外因信息	1	2	3	4	5
12	团队成员会为了自己的工作而寻求其他成员工作成绩的信息	1	2	3	4	5

序号	题 项	认 同 程 度				
13	团队成员相互支持,共担责任	1	2	3	4	5
14	团队成员鼓励彼此发挥工作主动性	1	2	3	4	5
15	团队成员互相鼓励不断学习和提升	1	2	3	4	5
16	团队成员赞赏同事的探索性思考和行为	1	2	3	4	5
17	团队成员倾听同事的工作诉求并予以帮助	1	2	3	4	5
18	团队工作遇到挫折时,所有成员相互鼓励	1	2	3	4	5
19	团队成员主动寻求和获得的同事支持和认可	1	2	3	4	5

性别：□男　□女

年龄：□25 岁以下　□25～29 岁　□30～34 岁　□35～39 岁

□40 岁及以上

教育程度：□高中或中专　□大专　□本科　□硕士　□博士

在团队工作年限：_____　**在公司工作年限：**_____

团队主管问卷

您好！感谢您参与此次问卷调查。本问卷采用匿名填写方式，您的答案将会严格保密，仅供学术研究。对问卷的回答没有对与错之分，我们真诚地希望您表达自己的真实观点，谢谢您的支持和配合！

上海交通大学安泰经济与管理学院课题组

一、您在多大程度上同意以下对您下属员工的描述，1—非常不符合，5—非常符合。

序号	题　　　项	成员 1					成员 2					成员 3					成员 4					成员 5				
1	经常采纳一些改进的工作程序来完成工作	1	2	3	4	5	1	2	3	4	5	1	2	3	4	5	1	2	3	4	5	1	2	3	4	5
2	经常尝试改变工作方式以提高效率	1	2	3	4	5	1	2	3	4	5	1	2	3	4	5	1	2	3	4	5	1	2	3	4	5
3	经常尝试对团队的工作程序进行改进	1	2	3	4	5	1	2	3	4	5	1	2	3	4	5	1	2	3	4	5	1	2	3	4	5
4	经常尝试提出新的工作方法以使团队更高效	1	2	3	4	5	1	2	3	4	5	1	2	3	4	5	1	2	3	4	5	1	2	3	4	5
5	经常尝试改变那些对团队任务没有帮助甚至有害的规则和政策	1	2	3	4	5	1	2	3	4	5	1	2	3	4	5	1	2	3	4	5	1	2	3	4	5
6	经常提出建设性建议来改善团队的运作	1	2	3	4	5	1	2	3	4	5	1	2	3	4	5	1	2	3	4	5	1	2	3	4	5

续　表

序号	题　项	成员 1					成员 2					成员 3					成员 4					成员 5				
7	经常试着纠正错误的工作程序或做法	1	2	3	4	5	1	2	3	4	5	1	2	3	4	5	1	2	3	4	5	1	2	3	4	5
8	经常试着缩减没必要的工作程序	1	2	3	4	5	1	2	3	4	5	1	2	3	4	5	1	2	3	4	5	1	2	3	4	5
9	经常尝试解决紧迫的团队问题	1	2	3	4	5	1	2	3	4	5	1	2	3	4	5	1	2	3	4	5	1	2	3	4	5
10	经常尝试引进一些新的结构、技术和方法来提高效率	1	2	3	4	5	1	2	3	4	5	1	2	3	4	5	1	2	3	4	5	1	2	3	4	5

二、个人信息

性别：□男　□女

年龄：□25 岁以下　□25～29 岁　□30～34 岁　□35～39 岁　□40～44 岁　□45 岁及以上

教育程度：□高中或中专　□大专　□本科　□硕士　□博士

工作年限：＿＿＿＿＿＿

此团队成立年限：＿＿＿＿＿＿　团队人数＿＿＿＿＿＿

参考文献

［1］段锦云,卢志巍,沈彦晗.组织中的权力:概念,理论和效应［J］.心理科学进展,2015(23):1070-1078.

［2］段万春,孙新乐,许成磊,等.层式创新团队结构效率评价内涵与方法研究［J］.科技进步与对策,2016(33):106-113.

［3］顾琴轩,张冰钦.虚拟团队变革型和交易型领导对团队创造力的影响机理:共享领导视角［J］.中国人力资源开发,2017(11):6-16.

［4］顾琴轩,周珍珍,戴芳.团队关系冲突对共享领导的影响研究:一个被调节的中介模型［J］.华南师范大学学报(社会科学版),2018(3):48-56.

［5］蒿坡,龙立荣,贺伟.领导力共享,垂直领导力与团队创造力:双视角研究［J］.管理科学,2014(27):53-64.

［6］蒿坡,龙立荣,贺伟.共享型领导如何影响团队产出?信息交换,激情氛围与环境不确定性的作用［J］.心理学报,2015(47):1288-1299.

［7］赫连志巍,袁翠欣.企业创新团队胜任特征、心理契约与绩效关系研究:以高端装备制造行业为例［J］.燕山大学学报(哲学社会科学版),2016,17(1):1-15.

［8］侯杰泰,温忠麟,成子娟.结构方程模型及其应用［M］.北京:教育科学出版社,2004.

［9］胡泓,顾琴轩,陈继祥.变革型领导对组织创造力和创新影响研究述

评[J].南开管理评论,2012(15):26-35.

[10] 胡晓龙,姬方卉.政治技能对主动担责行为的影响:心理授权与不确定性规避的作用[J].中国人力资源开发,2018(2):50-60.

[11] 李绍龙,龙立荣,朱其权.同心求变:参与型领导对员工主动变革行为的影响机制研究[J].预测,2015(34):1-7.

[12] 李卫东.决策权力和监督权力在创新团队中的不对称配置[J].经济管理,2005(15):85-89.

[13] 刘文兴,廖建桥,黄诗华.不确定性规避,工作负担与领导授权行为:控制愿望与管理层级的调节作用[J].南开管理评论,2012(5):4-12.

[14] 罗胜强,姜嬿.管理学问卷调查研究方法[M].重庆:重庆大学出版社,2014.

[15] 孙华,丁荣贵,王楠楠.研发团队共享领导力行为的产生和对创新绩效的作用:基于垂直领导力的影响[J].管理科学,2018(31):17-28.

[16] 孙新乐,段万春,许成磊,等.工作组类型创新团队关系效率内涵及评价研究[J].科技进步与对策,2016(33):117-124.

[17] 王海清.华为的轮值CEO制度还能撑多久?[EB/OL].(2016-07-19)[2022-11-01].http://www.ikanchai.com/2016/0719/90112.shtml.

[18] 王重鸣,胡洪浩.创新团队中宽容氛围与失败学习的实证研究[J].科技进步与对策,2015(32):18-22.

[19] 吴江华,顾琴轩,梁冰倩.共享领导与员工创造力:一个被调节的中介模型[J].中国人力资源开发,2017(11):43-52.

[20] 余佳华.共享领导力,让听见炮火的人决策[EB/OL].(2018-11-28)[2022-11-01].http://life.china.com.cn/2018-11/28/content_40592265.html.

[21] 袁朋伟,董晓庆,翟怀远,等.共享领导对知识员工创新行为的影响研究:知识分享与团队凝聚力的作用[J].软科学,2018(32):87-91.

[22] 张文慧,王辉.长期结果考量,自我牺牲精神与领导授权赋能行为:

环境不确定性的调节作用[J].管理世界,2009(6):115-123.

[23] 赵丽梅,张庆普.高校科研创新团队成员知识创新的激励机制研究[J].科学学与科学技术管理,2013(34):89-99.

[24] 赵鹏娟,赵国祥.知识型员工共享领导内容结构[J].心理科学,2012(35):1149-1153.

[25] 朱明洁,林泽炎.创新团队中隐性知识的有效管理[J].中国人力资源开发,2007(9):17-20.

[26] ACAR F P. Analyzing the effects of diversity perceptions and shared leadership on emotional conflict: a dynamic approach[J]. The International Journal of Human Resource Management, 2010 (21): 1733-1753.

[27] ADAIR J. Effective teambuilding: how to make a winning team [M]. London: Pan Books, 1986.

[28] AHEARNE M, MATHIEU J, RAPP A. To empower or not to empower your sales force? An empirical examination of the influence of leadership empowerment behavior on customer satisfaction and performance[J]. Journal of Applied psychology, 2005(90): 945-955.

[29] AIKEN L S, WEST S G, RENO R R. Multiple regression: testing and interpreting interactions[M]. Newbury Park, CA: Sage, 1991.

[30] AIME F, HUMPHREY S, DERUE D S, et al. The riddle of heterarchy: power transitions in cross-functional teams[J]. Academy of Management Journal, 2014(57): 327-352.

[31] AMABILE T M. The social psychology of creativity: a componential conceptualization[J]. Journal of Personality and Social Psychology, 1983(45): 357-376.

[32] AMABILE T M. A model of creativity and innovation in organizations [J]. Research in Organizational Behavior, 1988(10): 123-167.

[33] ANDERSON C, BERDAHL J L. The experience of power: examining

the effects of power on approach and inhibition tendencies[J]. Journal of Personality and Social Psychology, 2002(83): 1362 - 1377.

[34] ANDERSON C, BRION S. Perspectives on power in organizations[J]. Annual Review of Organizational Psychology and Organizational Behavior, 2014(1): 67 - 97.

[35] ANDERSON C, GALINSKY A D. Power, optimism, and risk-taking[J]. European Journal of Social Psychology, 2006(36): 511 - 536.

[36] ANDERSON C, JOHN O P, KELTNER D. The personal sense of power[J]. Journal of Personality, 2012(80): 313 - 344.

[37] ANTONACOPOULOU E P. Employee development through self-development in three retail banks[J]. Personnel Review, 2000(29): 491 - 508.

[38] AQUINO K. LAMERTZ K. A relational model of workplace victimization: social roles and patterns of victimization in dyadic relationships[J]. Journal of Applied Psychology, 2004(89): 1023 - 1034.

[39] ARNOLD J A, ARAD S, RHOADES J A, et al. The empowering leadership questionnaire: the construction and validation of a new scale for measuring leader behaviors[J]. Journal of Organizational Behavior, 2000(21): 249 - 269.

[40] ASHFORTH B. Role transitions in organizational life: an identity-based perspective[M]. Mahwah, NJ: Erlbaum, 2001.

[41] ATWATER L E, YAMMARINO F J. Bases of power in relation to leader behavior: a field investigation[J]. Journal of Business and Psychology, 1996(11): 3 - 22.

[42] AVOLIO B J, SIVASUBRAMANIAM N, MURRY W, et al. Assessing shared leadership: development and preliminary validation of a

team multifactor leadership questionnaire[M]//PEARCE C L, CONGER J A. Shared leadership: reframing the hows and whys of leadership. Thousand Oaks, CA: Sage Publications, 2003: 143 - 172.

[43] BAARD S K, RENCH T A, KOZLOWSKI S W. Performance adaptation: a theoretical integration and review[J]. Journal of Management, 2014(40): 48 - 99.

[44] BARTOL K M, MARTIN D C. Women andmen in task groups [M]//ASHMORE R D, DELBOCA F K. The social psychology offemale-male relations. New York: Academic Press, 1986: 259 - 310.

[45] BASS B M. Leadership, psychology, and organization behavior [M]. New York: Harper and Brothers, 1960.

[46] BASS B M. Leadership and performance beyond expectations[M]. New York: Free Press, 1985.

[47] BEERSMA B, HOLLENBECK J R, CONLON D E, et al. Role negotiation in self-managed teams: the effects of history and composition on coordination and performance[J]. Organizational Behavior and Human Decision Processes, 2009(108): 131 - 142.

[48] BEHRENDT P, MATZ S, GÖRITZ A S. An integrative model of leadership behavior[J]. The Leadership Quarterly, 2017(28): 229 - 244.

[49] BENDAHAN S, ZEHNDER C, PRALONG F P, et al. Leader corruption depends on power and testosterone[J]. The Leadership Quarterly, 2015(26): 101 - 122.

[50] BENNE K D, SHEATS P. Functional roles of group members[J]. Journal of Social Issues, 1948(4): 41 - 49.

[51] BERGMAN J Z, RENTSCH J R, SMALL E E, et al. The shared leadership process in decision-making teams[J]. The Journal of Social Psychology, 2012(152): 17 - 42.

［52］BLAU P M. Exchange and power in social life［M］. New York：
John Wiley，1964.

［53］BLIGH M C，PEARCE C L，KOHLES J C. The importance of self-
and shared leadership in team based knowledge work：a meso-level
model of leadership dynamics［J］. Journal of Managerial Psychology，
2006（21）：296－318.

［54］BOIES K，LVINA E，MARTENS M L. Shared leadership and team
performance in a business strategy simulation［J］. Journal of Personnel
Psychology，2011（9）：195－202.

［55］BOLDEN R. Distributed leadership in organizations：a review of
theory and research［J］. International Journal of Management Reviews，
2011（13）：251－269.

［56］BRIÑOL P，PETTY R E，VALLE C，et al. The effects of message
recipients' power before and after persuasion：a self-validation
analysis［J］. Journal of Personality and Social Psychology，2007
（93）：1040－1053.

［57］BRISLIN R W. Translation and content analysis of oral and written
materials［J］. Methodology，1980（2）：389－444.

［58］BUNDERSON J S，SUTCLIFFE K M. Management team learning
orientation and business unit performance［J］. Journal of Applied
Psychology，2003（88）：552－560.

［59］BURKE C S，FIORE S M，SALAS E. The role of shared cognition
in enabling shared leadership and team adaptability［M］//PEARCE
C L，CONGER J A. Shared leadership：reframing the hows and
whys of leadership. Thousand Oaks，CA：Sage Publication，2003：103.

［60］CARMELI A，GELBARD R，GEFEN D. The importance of
innovation leadership in cultivating strategic fit and enhancing firm
performance［J］. The Leadership Quarterly，2010（21）：339－349.

［61］CARSON J B，TESLUK P E，MARRONE J A. Shared leadership

in teams: an investigation of antecedent conditions and performance [J]. Academy of Management Journal, 2007(50): 1217 - 1234.

[62] CHEN G, FARH J L, CAMPBELL-BUSH E M, et al. Teams as innovative systems: multilevel motivational antecedents of innovation in R and D teams[J]. Journal of Applied Psychology, 2013(98): 1018 - 1027.

[63] CHEN Q, LIU Z. How does TMT transactive memory system drive innovation ambidexterity? Shared leadership as mediator and team goal orientations as moderators[J]. Chinese Management Studies, 2018(12): 125 - 147.

[64] CHEONG M, SPAIN S M, YAMMARINO F J, et al. Two faces of empowering leadership: enabling and burdening[J]. The Leadership Quarterly, 2016(27): 602 - 616.

[65] CHIU C Y C, BALKUNDI P, WEINBERG F J. When managers become leaders: the role of manager network centralities, social power, and followers' perception of leadership[J]. The Leadership Quarterly, 2017(28): 334 - 348.

[66] CHIU C Y C, OWENS B P, TESLUK P E. Initiating and utilizing shared leadership in teams: the role of leader humility, team proactive personality, and team performance capability[J]. Journal of Applied Psychology, 2016(101): 1705 - 1720.

[67] CIALDINI R B, GOLDSTEIN N J. Social influence: compliance and conformity[J]. Annual Review of Psychology, 2004(55): 591 - 621.

[68] CONGER J A, KANUNGO R N. The empowerment process: Integrating theory and practice [J]. Academy of Management Review, 1988(13): 471 - 482.

[69] CONTRACTOR N S, DECHURCH L A, CARSON J, et al. The topology of collective leadership[J]. The Leadership Quarterly, 2012(23): 994 - 1011.

[70] D'INNOCENZO L, MATHIEU J E, KUKENBERGER M R. A

meta-analysis of different forms of shared leadership-team performance relations[J]. Journal of Management, 2016(42): 1964 – 1991.

[71] DENIS J L, LAMOTHE L, LANGLEY A. The dynamics of collective leadership and strategic change in pluralistic organizations [J]. Academy of Management Journal, 2001(44): 809 – 837.

[72] DENIS J L, LANGLEY A, SERGI V. Leadership in the plural[J]. The Academy of Management Annals, 2012(6): 211 – 283.

[73] DENT E B, GOLDBERG S G. Challenging "resistance to change" [J]. The Journal of Applied Behavioral Science, 1999(35): 25 – 41.

[74] DERUE D S, ASHFORD S J. Who will lead and who will follow? A social process of leadership identity construction in organizations [J]. Academy of Management Review, 2010(35): 627 – 647.

[75] DERUE D S, NAHRGANG J D, ASHFORD S J. Interpersonal perceptions and the emergence of leadership structures in groups: a network perspective[J]. Organization Science, 2015(26): 1192 – 1209.

[76] DEW R, HEARN G. A new model of the learning process for innovation teams: networked nominal pairs[J]. International Journal of Innovation Management, 2009(13): 521 – 535.

[77] DRACH-ZAHAVY A, SOMECH A. Understanding team innovation: the role of team processes and structures[J]. Group Dynamics: Theory, Research, and Practice, 2001(5): 111 – 123.

[78] DRESCHER G, GARBERS Y. Shared leadership and commonality: a policy-capturing study[J]. The Leadership Quarterly, 2016(27): 200 – 217.

[79] DRESCHER M A, KORSGAARD M A, WELPE I M, et al. The dynamics of shared leadership: building trust and enhancing performance [J]. Journal of Applied Psychology, 2014(99): 771 – 783.

[80] DYER N G, HANGES P J, HALL R J. Applying multilevel confirmatory factor analysis techniques to the study of leadership

[J]. The Leadership Quarterly, 2005(16): 149 - 167.

[81] EARLEY P C, EREZ M. The transplanted executive: why you need to understand how workers in other countries see the world differently[M]. New York: Oxford University Press, 1997.

[82] EISENBEISS S A, VAN KNIPPENBERG D, BOERNER S. Transformational leadership and team innovation: integrating team climate principles[J]. Journal of Applied Psychology, 2008(93): 1438 - 1446.

[83] ENSLEY M D, PEARCE C L. Shared cognition in top management teams: implications for new venture performance[J]. Journal of Organizational Behavior, 2001, 22(1): 145 - 160.

[84] ENSLEY M D, HMIELESKI K M, PEARCE C L. The importance of vertical and shared leadership within new venture top management teams: implications for the performance of startups[J]. The Leadership Quarterly, 2006(17): 217 - 231.

[85] ENSLEY M D, PEARSON A, PEARCE C L. Top management team process, shared leadership, and new venture performance: a theoretical model and research agenda[J]. Human Resource Management Review, 2003(13): 329 - 346.

[86] ERKUTLU H V, CHAFRA J. Relationship between leadership power bases and job stress of subordinates: example from boutique hotels[J]. Management Research News, 2006(29): 285 - 297.

[87] FARRIS J S. Estimating phylogenetic trees from distance matrices [J]. The American Naturalist, 1972(106): 645 - 668.

[88] FAST N J, CHEN S. When the boss feels inadequate: power, incompetence, and aggression[J]. Psychological Science, 2009(20): 1406 - 1413.

[89] FAST N J, GRUENFELD D H, SIVANATHAN N, et al. Illusory control: a generative force behind power's far-reaching effects[J].

Psychological Science, 2009(20): 502 - 508.

[90] FAUSING M S, JOENSSON T S, LEWANDOWSKI J, et al. Antecedents of shared leadership: empowering leadership and interdependence[J]. Leadership and Organization Development Journal, 2015, 36(3): 271 - 291.

[91] FLEISHMAN E A, MUMFORD M D, ZACCARO S J, et al. Taxonomic efforts in the description of leader behavior: a synthesis and functional interpretation[J]. The Leadership Quarterly, 1991 (2): 245 - 287.

[92] FOLLETT M P. Creative experience[M]. New York: Longmans, Green and Corporation, 1924.

[93] FRANSEN K, DELVAUX E, MESQUITA B, et al. The emergence of shared leadership in newly formed teams with an initial structure of vertical leadership: a longitudinal analysis[J]. The Journal of Applied Behavioral Science, 2018(54): 140 - 170.

[94] FRANSEN K, VAN PUYENBROECK S, LOUGHEAD T M, et al. Who takes the lead? Social network analysis as a pioneering tool to investigate shared leadership within sports teams[J]. Social Networks, 2015(43): 28 - 38.

[95] FRENCH J R, RAVEN B, CARTWRIGHT D. The bases of social power[J]. Classics of Organization Theory, 1959(7): 311 - 320.

[96] FRIEDRICH T L, GRIFFITH J A, MUMFORD M D. Collective leadership behaviors: evaluating the leader, team network, and problem situation characteristics that influence their use[J]. The Leadership Quarterly, 2016(27): 312 - 333.

[97] FRIEDRICH T L, VESSEY W B, SCHUELKE M J, et al. A framework for understanding collective leadership: the selective utilization of leader and team expertise within networks[J]. The Leadership Quarterly, 2009(20): 933 - 958.

［98］FRITZ C，SONNENTAG S. Antecedents of day-level proactive behavior：a look at job stressors and positive affect during the workday［J］. Journal of Management，2009(35)：94 - 111.

［99］FULLER JR B，MARLER L E. Change driven by nature：a meta-analytic review of the proactive personality literature［J］. Journal of Vocational Behavior，2009(75)：329 - 345.

［100］GALINSKY A D，GRUENFELD D H，MAGEE J C. From power to action［J］. Journal of Personality and Social Psychology，2003 (85)：453 - 466.

［101］GEBERT D，BOERNER S，KEARNEY E. Fostering team innovation：why is it important to combine opposing action strategies? ［J］. Organization Science，2010(21)：593 - 608.

［102］GEORGESEN J，HARRIS M J. Holding onto power：effects of powerholders' positional instability and expectancies on interactions with subordinates［J］. European Journal of Social Psychology，2006(36)：451 - 468.

［103］GONG Y，KIM T Y，LEE D R，et al. A multilevel model of team goal orientation，information exchange，and creativity［J］. Academy of Management Journal，2013(56)：827 - 851.

［104］GONZALEZ-MULÉ E，COURTRIGHT S H，DEGEEST D，et al. Channeled autonomy：the joint effects of autonomy and feedback on team performance through organizational goal clarity ［J］. Journal of Management，2016(42)：2018 - 2033.

［105］GORDON R D. Conceptualizing leadership with respect to its historical-contextual antecedents to power［J］. The Leadership Quarterly，2002(13)：151 - 167.

［106］GRANT A M，PARKER S，COLLINS C. Getting credit for proactive behavior：supervisor reactions depend on what you value and how you feel［J］. Personnel Psychology，2009(62)：31 - 55.

[107] GRAY J A, FELDON J, RAWLINS J N P, et al. The neuropsychology of schizophrenia[J]. Behavioral and Brain Sciences, 1991(14): 1 - 20.

[108] GRAY J A, MITCHELL S N, JOSEPH M H, et al. Neurochemical mechanisms mediating the behavioral and cognitive effects of nicotine[J]. Drug Development Research, 1994(31): 3 - 17.

[109] GREENE L R, MORRISON T L, TISCHLER N G. Gender and authority: effects on perceptions of small group co-leaders [J]. Small Group Behavior, 1981(12): 401 - 413.

[110] GRILLE A, SCHULTE E M, KAUFFELD S. Promoting shared leadership: a multilevel analysis investigating the role of prototypical team leader behavior, psychological empowerment, and fair rewards[J]. Journal of Leadership and Organizational Studies, 2015(22): 324 - 339.

[111] GRONN P. Distributed leadership as a unit of analysis[J]. The Leadership Quarterly, 2002(13): 423 - 451.

[112] GU J, CHEN Z, HUANG Q, et al. A multilevel analysis of the relationship between shared leadership and creativity in inter-organizational teams[J]. The Journal of Creative Behavior, 2018 (52): 109 - 126.

[113] GUINOTE A. Power and goal pursuit[J]. Personality and Social Psychology Bulletin, 2007(33): 1076 - 1087.

[114] GUINOTE A. In touch with your feelings: power increases reliance on bodily information[J]. Social Cognition, 2010 (28): 110 - 121.

[115] GULLY S M, PHILLIPS J M. A multilevel application of learning and performance orientations to individual, group, and organizational outcomes. In Research in personnel and human resources management [M]. Greenwich, CT: JAI Press, 2005: 1 - 51.

[116] HACKMAN J R. Groups that work and those that don't[M]. San Francisco: Jossey-Bass, 1990.

[117] HACKMAN J R, OLDHAM G R. Work redesign[M]. Reading, MA: Addison-Wesley, 1980.

[118] HACKMAN J R, WAGEMAN R. Total quality management: empirical, conceptual, and practical issues[J]. Administrative Science Quarterly, 1995(40): 309 - 342.

[119] HAKIMI N, VAN KNIPPENBERG D, GIESSNER S. Leader empowering behaviour: the leader's perspective[J]. British Journal of Management, 2010(21): 701 - 716.

[120] HAN S, HAROLD C M, CHEONG M. Examining why employee proactive personality influences empowering leadership: the roles of cognition-and affect-based trust[J]. Journal of Occupational and Organizational Psychology, 2019(92): 352 - 383.

[121] HAO P, HE W, LONG L R. Why and when empowering leadership has different effects on employee work performance: the pivotal roles of passion for work and role breadth self-efficacy [J]. Journal of Leadership and Organizational Studies, 2018(25): 85 - 100.

[122] HARRIS A. Teacher leadership as distributed leadership: heresy, fantasy or possibility? [J]. School Leadership and Management, 2003(23): 313 - 324.

[123] HASELHUHN M P, WONG E M, ORMISTON M E. With great power comes shared responsibility: psychological power and the delegation of authority[J]. Personality and Individual Differences, 2017(108): 1 - 4.

[124] HIGGINS E T. Promotion and prevention as a motivational duality: implications for evaluative processes[M]//CHAIKEN S, TROPE Y. Dual-process theories in social psychology. New York:

The Guilford Press, 1999: 503 - 525.

[125] HILLER N J, DAY D V, VANCE R J. Collective enactment of leadership roles and team effectiveness: a field study[J]. The Leadership Quarterly, 2006(17): 387 - 397.

[126] HINKIN T R. A brief tutorial on the development of measures for use in survey questionnaires[J]. Organizational Research Methods, 1998(1): 104 - 121.

[127] HINKIN T R, SCHRIESHEIM C A. Development and application of new scales to measure the French and Raven (1959) bases of social power[J]. Journal of Applied Psychology, 1989(74): 561 - 567.

[128] HMIELESKI K M, COLE M S, BARON R A. Shared authentic leadership and new venture performance[J]. Journal of Management, 2012(38): 1476 - 1499.

[129] HOCH J E. Shared leadership and innovation: the role of vertical leadership and employee integrity[J]. Journal of Business and Psychology, 2013(28): 159 - 174.

[130] HOCH J E, DULEBOHN J H. Shared leadership in enterprise resource planning and human resource management system implementation[J]. Human Resource Management Review, 2013 (23): 114 - 125.

[131] HOCH J E, DULEBOHN J H. Team personality composition, emergent leadership and shared leadership in virtual teams: a theoretical framework[J]. Human Resource Management Review, 2017(27): 678 - 693.

[132] HOCH J E, KOZLOWSKI S W. Leading virtual teams: hierarchical leadership, structural supports, and shared team leadership[J]. Journal of Applied Psychology, 2014(99): 390 - 403.

[133] HOCH J E, PEARCE C L, WELZEL L. Is the most effective team leadership shared? The impact of shared leadership, age diversity, and coordination on team performance[J]. Journal of Personnel Psychology, 2010(9): 105 – 116.

[134] HOFSTEDE G. Motivation, leadership, and organization: do American theories apply abroad? [J]. Organizational Dynamics, 1980(9): 42 – 63.

[135] HOLMAN D, TOTTERDELL P, AXTELL C, et al. Job design and the employee innovation process: the mediating role of learning strategies[J]. Journal of Business and Psychology, 2012 (27): 177 – 191.

[136] HON A H, CHAN W W. Team creative performance: the roles of empowering leadership, creative-related motivation, and task interdependence[J]. Cornell Hospitality Quarterly, 2013 (54): 199 – 210.

[137] HOOGERVORST N, DE CREMER D, VAN DIJKE M, et al. When do leaders sacrifice? The effects of sense of power and belongingness on leader self-sacrifice[J]. The Leadership Quarterly, 2012(23): 883 – 896.

[138] HOUGHTON J D, NECK C P, MANZ C C. Self-leadership and superleadership: the heart and art of facilitating shared leadership [M]//PEARCE C L, CONGER J A. Shared leadership: reframing the hows and whys of leadership. Thousand Oaks, CA: Sage Publications, 2003: 123 – 140.

[139] HOUGHTON J D, PEARCE C L, MANZ C C, et al. Sharing is caring: toward a model of proactive caring through shared leadership[J]. Human Resource Management Review, 2015(25): 313 – 327.

[140] HSU J S C, LI Y, SUN H. Exploring the interaction between

vertical and shared leadership in information systems development projects[J]. International Journal of Project Management, 2017 (35): 1557 - 1572.

[141] HU J, ERDOGAN B, JIANG K, et al. Leader humility and team creativity: the role of team information sharing, psychological safety, and power distance[J]. Journal of Applied Psychology, 2018(103): 313 - 323.

[142] HÜLSHEGER U R, ANDERSON N, SALGADO J F. Team-level predictors of innovation at work: a comprehensive meta-analysis spanning three decades of research[J]. Journal of Applied Psychology, 2009(94): 1128 - 1145.

[143] HUNTER S T, CUSHENBERY L, FAIRCHILD J, et al. Partnerships in leading for innovation: a dyadic model of collective leadership[J]. Industrial and Organizational Psychology, 2012(5): 424 - 428.

[144] IBARRA H. Provisional selves: Experimenting with image and identity in professional adaptation[J]. Administrative Science Quarterly, 1999(44): 764 - 791.

[145] ISHIKAWA J. Transformational leadership and gatekeeping leadership: the roles of norm for maintaining consensus and shared leadership in team performance[J]. Asia Pacific Journal of Management, 2012(29): 265 - 283.

[146] JAMES L R, DEMAREE R G, WOLF G. Estimating within-group interrater reliability with and without response bias[J]. Journal of Applied Psychology, 1984(69): 85 - 98.

[147] JUNG D I, SOSIK J J. Transformational leadership in work groups: the role of empowerment, cohesiveness, and collective-efficacy on perceived group performance[J]. Small Group Research, 2002(33): 313 - 336.

[148] KAKAR A K. Investigating the prevalence and performance correlates of vertical versus shared leadership in emergent software development teams[J]. Information Systems Management, 2017 (34): 172 – 184.

[149] KARREMANS J C, SMITH P K. Having the power to forgive: when the experience of power increases interpersonal forgiveness [J]. Personality and Social Psychology Bulletin, 2010(36): 1010 – 1023.

[150] KELLER R T. Transformational leadership, initiating structure, and substitutes for leadership: a longitudinal study of research and development project team performance[J]. Journal of Applied Psychology, 2006(91): 202 – 210.

[151] KELTNER D, GRUENFELD D H, ANDERSON C. Power, approach, and inhibition[J]. Psychological Review, 2003(110): 265 – 284.

[152] KERR S, JERMIER J M. Substitutes for leadership: their meaning and measurement [J]. Organizational Behavior and Human Performance, 1978(22): 375 – 403.

[153] KIM T Y, LIU Z. Taking charge and employee outcomes: the moderating effect of emotional competence[J]. The International Journal of Human Resource Management, 2017(28): 775 – 793.

[154] KIM T Y, LIU Z, DIEFENDORFF J M. Leader-member exchange and job performance: the effects of taking charge and organizational tenure[J]. Journal of Organizational Behavior, 2015 (36): 216 – 231.

[155] KIRKMAN B L, CHEN G, FARH J L, et al. Individual power distance orientation and follower reactions to transformational leaders: a cross-level, cross-cultural examination[J]. Academy of Management Journal, 2009(52): 744 – 764.

[156] KOLB J A. Leadership of creative teams[J]. The Journal of Creative Behavior, 1992(26): 1 - 9.

[157] KONCZAK L J, STELLY D J, TRUSTY M L. Defining and measuring empowering leader behaviors: development of an upward feedback instrument[J]. Educational and Psychological Measurement, 2000(60): 301 - 313.

[158] KOZLOWSKI S W, GULLY S M, BROWN K G, et al. Effects of training goals and goal orientation traits on multidimensional training outcomes and performance adaptability[J]. Organizational Behavior and Human Decision Processes, 2001(85): 1 - 31.

[159] KRATZER J, LEENDERS R T A, VAN ENGELEN J M. Informal contacts and performance in innovation teams [J]. International Journal of Manpower, 2005(26): 513 - 528.

[160] LAM C K, VAN DER VEGT G S, WALTER F, et al. Harming high performers: a social comparison perspective on interpersonal harming in work teams[J]. Journal of Applied Psychology, 2011 (96): 588 - 601.

[161] LANGFRED C W, ROCKMANN K W. The push and pull of autonomy: the tension between individual autonomy and organizational control in knowledge work[J]. Group and Organization Management, 2016(41): 629 - 657.

[162] LEANA C R. A partial test of Janis' groupthink model: effects of group cohesiveness and leader behavior on defective decision making[J]. Journal of Management, 1985(11): 5 - 17.

[163] LEE A, WILLIS S, TIAN A W. Empowering leadership: a meta-analytic examination of incremental contribution, mediation, and moderation[J]. Journal of Organizational Behavior, 2018 (39): 306 - 325.

[164] LEE S, CHEONG M, KIM M, et al. Never too much? The

curvilinear relationship between empowering leadership and task performance[J]. Group and Organization Management，2017(42)：11 - 38.

[165] LI S L，HE W，YAM K C，et al. When and why empowering leadership increases followers' taking charge：a multilevel examination in China[J]. Asia Pacific Journal of Management，2015(32)：645 - 670.

[166] LITTLE T D，CUNNINGHAM W A，SHAHAR G，et al. To parcel or not to parcel：exploring the question，weighing the merits[J]. Structural Equation Modeling，2002(9)：151 - 173.

[167] LIU S，HU J，LI Y，et al. Examining the cross-level relationship between shared leadership and learning in teams：evidence from China[J]. The Leadership Quarterly，2014(25)：282 - 295.

[168] LORD R G. Functional leadership behavior：measurement and relation to social power and leadership perceptions[J]. Administrative Science Quarterly，1977(22)：114 - 133.

[169] LORD R G，MAHER K J. Cognitive theory in industrial and organizational psychology[J]. Handbook of Industrial and Organizational Psychology，1991(2)：1 - 62.

[170] LORD R G，DAY D V，ZACCARO S J，et al. Leadership in applied psychology：three waves of theory and research[J]. Journal of Applied Psychology，2017(102)：434 - 451.

[171] LUMBY J. Distributed leadership：the uses and abuses of power [J]. Educational Management Administration and Leadership，2013(41)：581 - 597.

[172] MAGEE J C，GALINSKY A D. 8 social hierarchy：the self-reinforcing nature of power and status[J]. Academy of Management Annals，2008(2)：351 - 398.

[173] MAGPILI N C，PAZOS P. Self-managing team performance：a

systematic review of multilevel input factors[J]. Small Group Research, 2018(49): 3 - 33.

[174] MANER J K, MEAD N L. The essential tension between leadership and power: when leaders sacrifice group goals for the sake of self-interest[J]. Journal of personality and Social Psychology, 2010(99): 482 - 497.

[175] MANZ C C, SIMS JR H P. Leading workers to lead themselves: the external leadership of self-managing work teams[J]. Administrative Science Quarterly, 1987(32): 106 - 129.

[176] MANZ C C, SIMS JR H P. Super leadership: beyond the myth of heroic leadership[J]. Organizational Dynamics, 1991(19): 18 - 35.

[177] MARTIN T N, HUNT J G. Social influence and intent to leave: a path-analytic process model[J]. Personnel Psychology, 1980(33): 505 - 528.

[178] MASLOW A H. A theory of human motivation[J]. Psychological Review, 1943(50): 370 - 396.

[179] MATHIEU J E, GILSON L L, RUDDY T M. Empowerment and team effectiveness: an empirical test of an integrated model[J]. Journal of Applied Psychology, 2006(91): 97 - 108.

[180] MATHIEU J E, KUKENBERGER M R, D'INNOCENZO L, et al. Modeling reciprocal team cohesion-performance relationships, as impacted by shared leadership and members' competence [J]. Journal of Applied Psychology, 2015(100): 713 - 734.

[181] MATHIEU J, MAYNARD M T, RAPP T, et al. Team effectiveness 1997—2007: a review of recent advancements and a glimpse into the future[J]. Journal of Management, 2008(34): 410 - 476.

[182] MAYNARD M T, MATHIEU J E, MARSH W M, et al. A multilevel investigation of the influences of employees' resistance

to empowerment[J]. Human Performance, 2007(20): 147 - 171.

[183] MCALLISTER D J, KAMDAR D, MORRISON E W, et al. Disentangling role perceptions: how perceived role breadth, discretion, instrumentality, and efficacy relate to helping and taking charge [J]. Journal of Applied Psychology, 2007(92): 1200 - 1211.

[184] MCINTYRE H H, FOTI R J. The impact of shared leadership on teamwork mental models and performance in self-directed teams [J]. Group Processes and Intergroup Relations, 2013(16): 46 - 57.

[185] MEHRA A, SMITH B R, DIXON A L, et al. Distributed leadership in teams: the network of leadership perceptions and team performance[J]. The Leadership Quarterly, 2006(17): 232 - 245.

[186] MENDEZ M J. A closer look into collective leadership: is leadership shared or distributed? [D]. Las Cruces: New Mexico State University, 2009.

[187] MIHALACHE O R, JANSEN J J, VAN DEN BOSCH F A, et al. Top management team shared leadership and organizational ambidexterity: a moderated mediation framework[J]. Strategic Entrepreneurship Journal, 2014(8): 128 - 148.

[188] MIN D, KIM J H. Is power powerful? Power, confidence, and goal pursuit[J]. International Journal of Research in Marketing, 2013(30): 265 - 275.

[189] MOON H, KAMDAR D, MAYER D M, et al. Me or we? The role of personality and justice as other-centered antecedents to innovative citizenship behaviors within organizations[J]. Journal of Applied Psychology, 2008(93): 84 - 94.

[190] MORGESON F P, DERUE D S, KARAM E P. Leadership in teams: a functional approach to understanding leadership structures and

processes[J]. Journal of Management, 2010(36): 5 - 39.

[191] MORRISON E W, PHELPS C C. Taking charge at work: extrarole efforts to initiate workplace change[J]. Academy of management Journal, 1999(42): 403 - 419.

[192] MORRISON E W, SEE K E, PAN C. An approach-inhibition model of employee silence: the joint effects of personal sense of power and target openness[J]. Personnel Psychology, 2015(8): 547 - 580.

[193] MOURALI M, NAGPAL A. The powerful select, the powerless reject: power's influence in decision strategies [J]. Journal of Business Research, 2013(66): 874 - 880.

[194] MUETHEL M, GEHRLEIN S, HOEGL M. Socio-demographic factors and shared leadership behaviors in dispersed teams: Implications for human resource management[J]. Human Resource Management, 2012(51): 525 - 548.

[195] NERKAR A A, MCGRATH R G, MACMILLAN I C. Three facets of satisfaction and their influence on the performance of innovation teams[J]. Journal of Business Venturing, 1996(11): 167 - 188.

[196] NEWMAN K L, NOLLEN S D. Culture and congruence: the fit between management practices and national culture[J]. Journal of International Business Studies, 1996(27): 753 - 779.

[197] NICOLAIDES V C, LAPORT K A, CHEN T R, et al. The shared leadership of teams: a meta-analysis of proximal, distal, and moderating relationships[J]. The Leadership Quarterly, 2014 (25): 923 - 942.

[198] PALETZ S B. Project management of innovative teams[M]// MUMFORO M D. Handbook of organizational creativity. London: Elsevier, 2012: 421 - 455.

[199] PARKER S K, COLLINS C G. Taking stock: integrating and differentiating multiple proactive behaviors[J]. Journal of Management, 2010(36): 633-662.

[200] PARKER S K, BINDL U K, STRAUSS K. Making things happen: a model of proactive motivation[J]. Journal of Management, 2010(36): 827-856.

[201] PAULSEN N, MALDONADO D, CALLAN V J, et al. Charismatic leadership, change and innovation in an R and D organization[J]. Journal of Organizational Change Management, 2009(22): 511-523.

[202] PEARCE C L. The future of leadership: combining vertical and shared leadership to transform knowledge work[J]. Academy of Management Perspectives, 2004(18): 47-57.

[203] PEARCE C L, ENSLEY M D. A reciprocal and longitudinal investigation of the innovation process: the central role of shared vision in product and process innovation teams (PPITs)[J]. Journal of Organizational Behavior, 2004(25): 259-278.

[204] PEARCE C L, MANZ C C. The new silver bullets of leadership: the importance of self and shared leadership in knowledge work [J]. Organizational Dynamics, 2005(34): 130-140.

[205] PEARCE C L, SIMS JR H P. Vertical versus shared leadership as predictors of the effectiveness of change management teams: an examination of aversive, directive, transactional, transformational, and empowering leader behaviors [J]. Group dynamics: Theory, Research, and Practice, 2002(6): 172-197.

[206] PEARCE C L, MANZ C C, SIMS JR H P. Where do we go from here: is shared leadership the key to team success? [J]. Organizational Dynamics, 2009(38): 234-238.

[207] PEARCE C L, YOO Y, ALAVI M. Leadership, social work and

virtual teams: the relative influence of vertical vs. shared leadership in the nonprofit sector[M]//RIGGIO R, SMITH-ORR S. Nonprofit leadership. San Francisco: Jossey Bass, 2004: 180 – 203.

[208] PEARCE C L, CONGER J A. Shared leadership: reframing the hows and whys of leadership[M]. Thousand Oaks, CA: Sage Publications, 2003.

[209] PITELIS C N, WAGNER J D. Strategic shared leadership and organizational dynamic capabilities[J]. The Leadership Quarterly, 2019(30): 233 – 242.

[210] PORTER C O, WEBB J W, GOGUS C I. When goal orientations collide: effects of learning and performance orientation on team adaptability in response to workload imbalance[J]. Journal of Applied Psychology, 2010(95): 935 – 943.

[211] RANDOLPH W A, KEMERY E R. Managerial use of power bases in a model of managerial empowerment practices and employee psychological empowerment[J]. Journal of Leadership and Organizational Studies, 2011(18): 95 – 106.

[212] RAUB S, ROBERT C. Differential effects of empowering leadership on in-role and extra-role employee behaviors: exploring the role of psychological empowerment and power values[J]. Human Relations, 2010(63): 1743 – 1770.

[213] ROSING K, FRESE M, BAUSCH A. Explaining the heterogeneity of the leadership-innovation relationship: ambidextrous leadership[J]. The Leadership Quarterly, 2011(22): 956 – 974.

[214] SALANCIK G R, PFEFFER J. A social information processing approach to job attitudes and task design[J]. Administrative Science Quarterly, 1978(23): 224 – 253.

[215] SCHMID MAST M, JONAS K, HALL J A. Give a person power

and he or she will show interpersonal sensitivity: the phenomenon and its why and when [J]. Journal of Personality and Social Psychology, 2009(97): 835 - 850.

[216] SCRIBNER J P, SAWYER R K, WATSON S T, et al. Teacher teams and distributed leadership: a study of group discourse and collaboration [J]. Educational Administration Quarterly, 2007 (43): 67 - 100.

[217] SERBAN A, ROBERTS A J. Exploring antecedents and outcomes of shared leadership in a creative context: a mixed-methods approach[J]. The Leadership Quarterly, 2016(27): 181 - 199.

[218] SHARMA P N, KIRKMAN B L. Leveraging leaders: a literature review and future lines of inquiry for empowering leadership research[J]. Group and Organization Management, 2015 (40): 193 - 237.

[219] SHIN S J, ZHOU J. Transformational leadership, conservation, and creativity: evidence from Korea[J]. Academy of Management Journal, 2003(46): 703 - 714.

[220] SHIN S J, ZHOU J. When is educational specialization heterogeneity related to creativity in research and development teams? Transformational leadership as a moderator[J]. Journal of Applied Psychology, 2007(92): 1709 - 1721.

[221] SICOTTE H, LANGLEY A. Integration mechanisms and R and D project performance[J]. Journal of Engineering and Technology Management, 2000(17): 1 - 37.

[222] SLABU L, GUINOTE A. Getting what you want: power increases the accessibility of active goals [J]. Journal of Experimental Social Psychology, 2010(46): 344 - 349.

[223] SMALL E E, RENTSCH J R. Shared leadership in teams[J]. Journal of Personnel Psychology, 2011(9): 203 - 211.

[224] SPILLANE J P. Distributed Leadership[M]. San Francisco, CA: Jossey-Bass. 2006.

[225] SPREITZER G M, MISHRA A K. Giving up control without losing control: trust and its substitutes' effects on managers' involving employees in decision making[J]. Group and Organization Management, 1999(24): 155 - 187.

[226] STEWART G L, ASTROVE S L, REEVES C J, et al. Those with the most find it hardest to share: exploring leader resistance to the implementation of team-based empowerment[J]. Academy of Management Journal, 2017(60): 2266 - 2293.

[227] STOKER J I, LOOISE J C, FISSCHER O A M, et al. Leadership and innovation: relations between leadership, individual characteristics and the functioning of R and D teams[J]. International Journal of Human Resource Management, 2001(12): 1141 - 1151.

[228] STURM R E, ANTONAKIS J. Interpersonal power: a review, critique, and research agenda[J]. Journal of Management, 2015 (41): 136 - 163.

[229] SUN X, JIE Y, WANG Y, et al. Shared leadership improves team novelty: the mechanism and its boundary condition[J]. Frontiers in Psychology, 2016(7): 1 - 12.

[230] SUNDSTROM E, MCINTYRE M, HALFHILL T, et al. Work groups: from the Hawthorne studies to work teams of the 1990s and beyond [J]. Group Dynamics: Theory, Research, and Practice, 2000(4): 44 - 67.

[231] SURAKKA T. The nurse manager's work in the hospital environment during the 1990s and 2000s: responsibility, accountability and expertise in nursing leadership[J]. Journal of Nursing Management, 2008(16): 525 - 534.

[232] SVEIBY K E. Collective leadership with power symmetry: lessons

from Aboriginal prehistory[J]. Leadership, 2011(7): 385 - 414.

[233] TAGGAR S, HACKEW R, SAHA S. Leadership emergence in autonomous work teams: antecedents and outcomes[J]. Personnel Psychology, 1999(52): 899 - 926.

[234] TAYLOR A, GREVE H R. Superman or the fantastic four? Knowledge combination and experience in innovative teams[J]. Academy of Management Journal, 2006(49): 723 - 740.

[235] THAMHAIN H J. Leadership lessons from managing technology-intensive teams [J]. International Journal of Innovation and Technology Management, 2009(6): 117 - 133.

[236] TOSI H L, MISANGYI V F, FANELLI A, et al. CEO charisma, compensation, and firm performance[J]. The Leadership Quarterly, 2004(15): 405 - 420.

[237] ULHØI J P, MÜLLER S. Mapping the landscape of shared leadership: a review and synthesis[J]. International Journal of Leadership Studies, 2014(8): 66 - 87.

[238] UMANS T, SMITH E, ANDERSSON W, et al. Top management teams' shared leadership and ambidexterity: the role of management control systems[J]. International Review of Administrative Sciences, 2020(86): 444 - 462.

[239] VANDEWAERDE M, VOORDECKERS W, LAMBRECHTS F, et al. Board team leadership revisited: a conceptual model of shared leadership in the boardroom[J]. Journal of Business Ethics, 2011(104): 403 - 420.

[240] WALDMAN D A, ATWATER L E. The nature of effective leadership and championing processes at different levels in a R and D hierarchy[J]. The Journal of High Technology Management Research, 1994(5): 233 - 245.

[241] WALL T D, CORDERY J L, CLEGG C W. Empowerment,

performance, and operational uncertainty: a theoretical integration [J]. Applied Psychology, 2002(51): 146 - 169.

[242] WANG A C, CHIANG J T J, TSAI C Y, et al. Gender makes the difference: the moderating role of leader gender on the relationship between leadership styles and subordinate performance[J]. Organizational Behavior and Human Decision Processes, 2013 (122): 101 - 113.

[243] WANG D, WALDMAN D A, ZHANG Z. A meta-analysis of shared leadership and team effectiveness[J]. Journal of Applied Psychology, 2014(99): 181 - 198.

[244] WANG L, JIANG W, LIU Z, et al. Shared leadership and team effectiveness: the examination of LMX differentiation and servant leadership on the emergence and consequences of shared leadership [J]. Human Performance, 2017(30): 155 - 168.

[245] WEST M A. Effective teamwork: practical lessons from organizational research[M]. Oxford: Blackwell Publishing, 2012.

[246] WILLIS G B, GUINOTE A, RODRÍGUEZ-BAILÓN R. Illegitimacy improves goal pursuit in powerless individuals [J]. Journal of Experimental Social Psychology, 2010(46): 416 - 419.

[247] WONG A, TJOSVOLD D, SU F. Social face for innovation in strategic alliances in China: the mediating roles of resource exchange and reflexivity[J]. Journal of Organizational Behavior, 2007(28): 961 - 978.

[248] WOOD M S. Determinants of shared leadership in management teams[J]. International Journal of Leadership Studies, 2005(1): 64 - 85.

[249] WU Q, CORMICAN K. Shared leadership and team creativity: a social network analysis in engineering design teams[J]. Journal of Technology Management and Innovation, 2016(11): 2 - 12.

[250] YAMMARINO F J, SALAS E, SERBAN A, et al. Collectivistic leadership approaches: putting the "we" in leadership science and practice[J]. Industrial and Organizational Psychology, 2012(5): 382 - 402.

[251] YANG J, MOSSHOLDER K W, PENG T K. Procedural justice climate and group power distance: an examination of cross-level interaction effects[J]. Journal of Applied Psychology, 2007(92): 681 - 692.

[252] YOON D J, FARMER S M. Power that builds others and power that breaks: effects of power and humility on altruism and incivility in female employees[J]. The Journal of Psychology, 2018 (152): 1 - 24.

[253] YOSHIDA D T, SENDJAYA S, HIRST G, et al. Does servant leadership foster creativity and innovation? A multi-level mediation study of identification and prototypicality[J]. Journal of Business Research, 2014(67): 1395 - 1404.

[254] YUKL G. Managerial leadership: a review of theory and research [J]. Journal of Management, 1989(15): 251 - 289.

[255] YUKL G. Effective leadership behavior: what we know and what questions need more attention [J]. Academy of Management Perspectives, 2012(26): 66 - 85.

[256] YUKL G, FALBE C M. Importance of different power sources in downward and lateral relations[J]. Journal of Applied Psychology, 1991(76): 416 - 423.

[257] YUKL G, FU P P. Determinants of delegation and consultation by managers[J]. Journal of Organizational Behavior, 1999(20): 219 - 232.

[258] YUKL G, GORDON A, TABER T. A hierarchical taxonomy of leadership behavior: integrating a half century of behavior research[J]. Journal of Leadership and Organizational Studies, 2002(9): 15 - 32.

[259] ZACCARO S J, RITTMAN A L, MARKS M A. Team leadership [J]. The Leadership Quarterly, 2001(12): 451 - 483.

[260] ZACHER H, ROSING K. Ambidextrous leadership and team innovation[J]. Leadership and Organization Development Journal, 2015(36): 54 - 68.

[261] ZACHER H, WILDEN R G. A daily diary study on ambidextrous leadership and self-reported employee innovation[J]. Journal of Occupational and Organizational Psychology, 2014(87): 813 - 820.

[262] ZHANG X, BARTOL K M. Linking empowering leadership and employee creativity: the influence of psychological empowerment, intrinsic motivation, and creative process engagement[J]. Academy of Management Journal, 2010(53): 107 - 128.

[263] ZHANG Y, BEGLEY T M. Power distance and its moderating impact on empowerment and team participation[J]. The International Journal of Human Resource Management, 2011(22): 3601 - 3617.

[264] ZHANG Z, WALDMAN D A, WANG Z. A multilevel investigation of leader-member exchange, informal leader emergence, and individual and team performance[J]. Personnel Psychology, 2012(65): 49 - 78.

[265] ZHENG W, KHOURY A E, GROBMEIER C. How do leadership and context matter in R and D team innovation? A multiple case study[J]. Human Resource Development International, 2010(13): 265 - 283.

[266] ZHU J, LIAO Z, YAM K C, et al. Shared leadership: a state-of-the-art review and future research agenda[J]. Journal of Organizational Behavior, 2018(39): 834 - 852.

索 引

权力　2,4—10,42—59,62,63,66,69,
　71,109,111,113,116—119,122,123

权力感　7,10,11,43,46,47,54,
　56,61,63,65,66,68,69,71,87,
　88,96,97,99,101—107,109—
　112,116—119,121—123

权力基础　9,11,46,47,51—53,
　57,71,97,109—111,121,123

权力接近抑制理论　9,11,45,48—
　51,55,71,110,111,118,121

权力距离　4,11,26,27,47,61—
　63,71,87—93,95—98,112,113,
　116,120,122,123

R

任务导向　11,20,25,26,76—80,82—
　86,89,101,110,111,114,118,119

S

授权行为　7,10,11,45—47,54—

63,71,87—93,95—98,100,106,
　111,112,115—117,119,120,122

X

心理授权　26,53—56,63

学习导向　11,47,68—71,99—
　109,112,113,116,117,120,122,
　123

Z

职位权力　10,46,47,52—59,61,
　71,87—93,95,97,98,111,112,
　116,118

主动担责行为　10,11,46,47,54,
　63—71,99—109,112,115—117,
　119,120,122

专家权力　47,52—54,57—59,
　64—66,68,71,87—93,95—100,
　102—109,111—113,116,118,
　119,122